Le premier chien

Série du *Livre de Poche Jeunesse*
dirigée par Pierre Miquel

TITRES PARUS OU A PARAITRE

LES PILLEURS DE SARCOPHAGES, *Odile Weulersse*
LES BRIGANDS DE LA SAINT-MICHEL, *Jean-Marc Soyez*
LA CREVASSE DES MAQUISARDS, *Henri Spade*
LE PONT, *Pierre Miquel*

Jean-Luc Déjean

Le premier chien

Couverture et illustrations d'Yves Beaujard

Le Livre de Poche

Aucun homme n'est ton ennemi,
puisque vos chiens sont frères.

Proverbe africain.

Première partie

Chapitre 1

L'Eau Folle

Asak tombait de la falaise. La surface brillante de l'énorme fleuve se rapprochait rapidement. Le garçon, par chance pure, entra dans l'eau les pieds en avant, ce qui sauva sa vie. A l'instant, il perdit contact avec le monde réel, celui des arbres debout sous le ciel matinal. Asak, à demi assommé, s'enfonçait dans les profondeurs du courant tumultueux.

Le jeune garçon, pourtant, reprit vite ses esprits. Il connaissait l'eau. Lui et ses amis s'y aventuraient souvent, dans les criques tranquilles. Là, plongeant parmi les rochers, ils délogeaient des coquillages. Les femmes et les enfants en récoltaient aussi le long du rivage, sous les herbes noyées. Ceux des rochers, moins gros, avaient plus de goût. Le peuple des Hudi en raffolait, les plaçant très au-dessus des ordinaires escargots.

Dès qu'il eut retrouvé ses esprits, Asak se souvint de ce qu'il convient de faire sous l'eau : fermer soigneusement la bouche, mettre les bras en flèche et remuer les jambes. Quand on perdait pied, il fallait se laisser glisser au fond, appuyer fortement sur le sol, et s'élancer ainsi vers la surface.

Cependant, le garçon était tombé de l'éperon rocheux directement dans l'Eau Folle. C'est ainsi que les Hudi désignaient le prodigieux courant du Père Fleuve, l'étincelante masse liquide. Personne, de mémoire d'homme, ne s'y était aventuré sans périr. L'Eau Folle coulait en bouillonnant vers l'Inconnu. En aval, elle accélérait encore sa course furieuse pour emprisonner la grande île, la Terre-de-l'Eau, étrange et inaccessible.

Asak coulait, la poitrine en feu, les yeux brouillés. L'Eau Folle avait-elle un fond ? Le Sorcier prétendait que non, la déclarant sœur du Grand Vent, que les hommes ne peuvent voir. Qui connaissait le haut du Vent ? Qui avait touché le fond de l'Eau ?

Le garçon résista à l'envie d'ouvrir la bouche. Il remua les jambes vigoureusement, et se sentit remonter. Du coup, il multiplia les battements de pieds.

Comme il allait perdre tout à fait conscience, il émergea enfin. Le grand jour lui faisait mal aux yeux, sa poitrine semblait sur le point d'éclater. Ces souffrances cessèrent soudain, laissant place au bonheur de vivre à nouveau, de respirer, de revoir le ciel. L'éperon de la falaise restait loin derrière. D'énormes remous agitaient l'Eau Folle. Bras en flèche, agitant les pieds, le jeune Hud, fils du peuple des Hudi, se maintenait sans peine à la surface, tant le courant était violent.

Soudain, il fut pris dans un tourbillon, disparut, avala de l'eau. Il se débattit des quatre membres, et jaillit dans un courant secondaire, plus calme, qui se détachait du fil principal. Redoublant d'efforts, il tenta de se rapprocher du rivage qui apparaissait à ses yeux : une anse paisible, surmontée de gros arbres.

Asak reconnut les arbres. Il les avait souvent regardés, en chassant avec son père loin du village. Ils couronnaient l'extrémité de la grande île inconnue, la Terre-de-l'Eau. Un alignement de blocs rocheux, divisant la force de l'Eau Folle, formait barrière, protégeait une manière de lac à peine agité.

Le jeune Hud essaya en vain d'atteindre un de ces blocs. Épuisé, il se trouva contraint de faire appel à ses dernières réserves pour traverser l'eau calme et profonde. L'orgueil le soutenait. N'était-il pas, depuis la dernière

Ses pieds se posèrent sur un sol sableux, tandis que sa tête restait hors de l'eau.

saison froide, un homme à part entière? Il avait subi avec succès les épreuves de l'initiation, que doit affronter tout enfant mâle à son douzième hiver. Abandonné seul dans la forêt, il sut faire du feu, chasser, pêcher, se garder des bêtes féroces. Le chef Akari, son père, lui remit en souriant un collier de coquillages : désormais, il n'était plus Sak, mais A-Sak, un *homme,* digne de porter l'arc et le harpon.

Une force nouvelle animait les bras et les jambes du nageur maladroit. Il traversait en biais le plan d'eau, poussant des grognements pour s'encourager lui-même. Enfin, épuisé, il laissa descendre ses jambes. Ses pieds se posèrent sur un sol sableux, tandis que sa tête restait hors de l'eau : il était sauvé. Après quelques instants de repos haletant, le garçon se dirigea vers la grève, l'atteignit, s'y dressa. Un sentiment de fierté emplissait son cœur. Il leva le poing vers la falaise lointaine d'où il était tombé, ou plus exactement *d'où on l'avait précipité*. Les assassins de son père n'avaient pas su tuer le fils.

« Je suis Asak, fils d'Akari, chef des Hudi ! essaya-t-il de crier. J'ai vaincu l'Eau Folle ! J'ai gagné la Terre-de-l'Eau ! »

La voix lui manqua au milieu de sa phrase. Soudain, ses jambes ne le portaient plus. Asak, évanoui, roula sur le sable parsemé de débris de coquilles.

★

Le soleil montait à l'aplomb du fleuve. En cette saison chaude, ses ardeurs étaient insupportables. Elles tirèrent Asak de la torpeur où l'avait jeté son effort excessif. Il sentait un picotement sur ses jambes. Des insectes couraient sur ses mollets.

La mémoire revint au jeune Hud. Osant à peine croire à sa chance, il regarda la falaise, loin sur sa gauche. Il écouta le bruit formidable du fleuve. Chassant de la main les insectes qui l'importunaient, Asak se mit debout et leva les bras vers le ciel, remerciant le Père Soleil, maître du jour sans cesse recommencé.

La chaleur l'incommodait. Il se trempa dans l'eau calme du bord, frictionnant son corps nu. Ensuite, revigoré, le garçon traversa l'étroite plage de sable et de graviers. La forêt commençait tout de suite, faite de ces arbres qui portent des épines vertes au lieu de feuilles, mais ne se dépouillent pas durant la saison froide. Asak s'en réjouit. Il n'y a pas de buissons enchevêtrés sous ces arbres-là, mais des aiguilles sèches où le feu prend bien.

Car il fallait faire du feu. Réfléchissant, Asak comprit qu'il se retrouvait dans la situation où les Anciens l'avaient placé lors de son initiation. Il se souvint des conseils de son père, et de l'ordre des actions que doit accomplir un chasseur solitaire, quand le jour reste plein : d'abord trouver un abri pour la nuit, un gîte défendu contre les bêtes féroces. Ensuite, faire du feu. Enfin, assurer sa nourriture.

La position du soleil indiquait que la nuit tarderait à venir. Asak décida sagement de s'accorder encore un peu de repos sous les grands arbres odorants. Il s'assit, appuyé contre un tronc, et récapitula tous les événements de cette journée extraordinaire.

Comme il était heureux, à l'aube, en se levant ! Pour la première fois, il allait accompagner son père dans une expédition passionnante réservée aux hommes : la cueillette des oisillons.

Contre les oiseaux ordinaires, qui pullulaient, les Hudi employaient des flèches de bois à l'extrémité bombée. Les plus adroits abattaient ainsi le gibier ailé. Pourtant, une race d'oiseaux à grandes ailes blanches, au lieu de suspendre son nid dans les arbres, le plaçait dans des creux de rocher, au sommet de la falaise. Patiemment, les Hudi attendaient l'éclosion des œufs. Quand les oisillons piaillaient fort, presque assez gros pour prendre leur vol, les chasseurs venaient les dénicher. Rien de plus succulent que ces jeunes volatiles à peine duvetés. Mais s'en emparer n'était pas commode. Beaucoup logeaient, inaccessibles, dans la paroi verticale de la falaise. D'autres gîtaient tout près du bord. A deux ou trois, s'assurant par de fortes lianes, les hommes bravaient la peur de l'abîme pour s'en emparer.

Les mains d'Asak se crispèrent sur ses genoux. Il se souvenait de l'horrible scène de la matinée. Son père et lui, debout sur le plus haut éperon de la falaise, s'apprêtaient à visiter les nids. Alors s'étaient montrés Abal et ses deux fils, Aban et Abac. Les ennemis du père d'Asak, Akari. Quand celui-ci avait été proclamé chef des Hudi, il avait dû vaincre tour à tour Aban et Abac, qui se croyaient meilleurs que lui. Leur défaite, complète et sans appel, avait mis dans leurs yeux des regards de vengeance. Tous les Hudi savaient qu'un jour ou l'autre se livrerait un combat à mort entre Akari et les deux fils d'Abal.

Or, ce matin-là, ils avaient pris en traîtres et lâches le chef et son fils Asak, pendant la cueillette des oisillons. Ils apparurent tout à coup, bandant leurs arcs. La dernière vision d'Asak, avant que le vieil Abal ne le précipite du haut de la falaise, avait été celle des deux frères tendant leur corde pour lâcher des flèches mortelles sur son père.

« Akari ! s'écria Asak. Akari ! »

★

Le garçon se dressa sous les arbres que balançait le vent. Il leva ses bras vers le ciel, les paumes en l'air. Son père Akari était mort, le plus courageux des chasseurs, le plus loyal des partageurs de gibier ! Asak sentait sa gorge se nouer. De l'eau coulait sur ses joues. Il les essuya rageusement. Seuls les enfants pleuraient. Il était un homme.

« Je tuerai Abal, et Aban, et Abac ! » promit-il au Père Soleil.

Dès qu'il eut proféré cette promesse, il en comprit la vanité. Désormais, il resterait prisonnier de la Terre-de-l'Eau, séparé des Hudi par l'infranchissable ruée de l'Eau Folle.

Il resterait seul. Les plus âgés parmi les Anciens, ceux qui avaient vu passer plus de quarante hivers, racontaient bien des histoires sur la grande île. Des générations de chasseurs l'avaient observée, en avaient parlé à leurs enfants. Elle comportait une colline chauve en son milieu, entourée de bois mêlés et de prairies. Des rocailles la prolongeaient à sa lointaine extrémité. Elle était longue : deux journées de marche à peu près. On discernait souvent des animaux de grande taille à la lisière de ses bois. Plusieurs récits mentionnaient un cerf qui aurait été abattu et mangé par des loups sur une de ses grèves.

« Un abri. Du feu. De la nourriture ! » se répéta Asak.

Soudain, il n'avait plus l'impression d'être un *A-Hud*, un adulte, mais le petit enfant qui peut encore chercher refuge près de sa mère, au milieu des femmes et des vieux. Il se sentait misérable, seul et désarmé. Jeune, aussi, accablé par le poids de son inexpérience.

« Un abri ! » murmura-t-il avec indécision.

Lors du voyage d'initiation à l'état d'homme, on donnait au postulant deux bâtons-à-feu, de quoi faire un arc et des flèches, un bois de cerf aiguisé, deux ou trois fragments de pierre-à-étincelles : le nécessaire... De plus, les chasseurs n'étaient jamais très loin, en cas de danger grave. Sur la Terre-de-l'Eau, Asak se touvait nu, démuni de tout. Il repassa dans sa mémoire les récits et légendes que marmonnaient les femmes au sujet de la grande île. Ils ne concordaient que sur deux points précis : jamais aucun Hud n'avait osé y aller. Jamais les observateurs les plus attentifs n'y avaient vu un seul être humain.

Lui, Asak, ne possédait que son courage un peu entamé, ses minces connaissances, en terre inconnue, probablement hostile, sans recours.

Après un instant de désespoir, le garçon releva la tête, serra les poings. La force revenait dans ses membres, la fierté d'être un homme, le premier en ce lieu. Il avait vaincu l'Eau Folle. Il vaincrait la Terre-de-l'Eau.

« Un abri ! » répéta-t-il avec résolution.

Asak sortit du bois et marcha sur sa lisière, le long de la plage. A cette heure de la mi-journée, c'était le meilleur parti à prendre, le plus sage. Les bêtes méchantes demeuraient dans les bois. En cas d'alerte, il suffisait de se jeter dans le lagon.

Au bois de pins succéda une prairie sèche, parsemée de rochers. Abrité par l'un d'eux se trouvait un poirier sauvage. L'arbre semblait offrir ses fruits mûrs, l'une des nourritures recherchées par les Hudi en cette saison.

Asak hésita. Avant de s'alimenter, il devait trouver un refuge et faire du feu, selon la règle. Pourtant l'un des préceptes de son père lui revint : « *Un homme doit se nourrir chaque fois qu'il le peut.* »

Il se gorgea donc de fruits, retourna sur la plage pour boire. Parmi les galets qui parsemaient la grève, il en choisit deux, l'un rond, l'autre pointu : ses premières armes. L'une serait bonne à lancer, l'autre à se défendre dans un corps à corps. Il fallait quitter ce lieu exposé, inhabitable, affronter les hasards de la Terre-de-l'Eau. Pour se donner du courage, Asak poussa le cri de chasse des Hudi :

« *Ea, eya, ea !* »

Son cœur battait à grands coups. Il suivit une coulée de lapin qui s'enfonçait parmi l'herbe rousse.

★

Le chacal leva son museau pointu et renifla le vent. Une petite brise de chaleur se levait sur la prairie desséchée par l'été.

Après plusieurs inspirations, la bête baissa la tête et se remit à haleter. Aucune odeur

inquiétante ne lui était parvenue. Le chacal reprit sa route. Sa fourrure grise striée de jaune portait les marques de maint combat : un mâle dans la force de l'âge, méfiant et rusé comme ceux de sa race. Sur ses traces marchaient les survivants de sa harde. La plupart de ceux qui l'accompagnaient l'hiver précédent avaient succombé à la gloutonnerie.

Un jour de grand froid, les compagnons du maître chacal commirent une fatale imprudence. D'ordinaire, ils fuyaient les combats, préférant se nourrir de charognes

La maigre harde des chacals... descendit vers l'eau...

abandonnées. Cette fois-là, ils furent contraints à un affrontement sans espoir.

Ils suivaient les loups, leurs pourvoyeurs ordinaires, de l'autre côté de l'île. Quand les loups tuaient un cerf, ils abandonnaient sur sa dépouille assez de débris pour contenter les chacals. Ces derniers arrivaient plus tard, nettoyaient les carcasses, n'en laissant que les gros os.

La harde se fit piéger tandis qu'elle festoyait sur les restes de deux moutons sauvages. Les loups, qui avaient fait semblant de partir, attaquèrent de toutes parts. Ils tuèrent huit des compagnons du chacal gris rayé. Celui-ci réussit à s'enfuir, accompagné seulement par deux femelles et par le borgne. Ayant sauvé leur vie, ils s'éloignèrent du territoire des loups, passèrent la colline, s'établirent sur d'autres lieux de chasse. Le borgne était vieux. Il connaissait bien la grande île. A cause de son âge et de son infirmité, il abandonnait le commandement au gris, mais chacun le laissait tranquille et le respectait.

Rassurée par les odeurs du vent, la maigre harde des chacals sortit de la prairie sèche, descendit vers l'eau par une piste souvent foulée. Un ruisseau coulait en contrebas, large, rapide et peu profond, semé de grosses pierres. Il prenait sa source dans la colline, au centre de l'île, formait d'abord un torrent, et s'apaisait ensuite en s'élargissant, avant d'aller se jeter dans le fleuve. Çà et là, au hasard des reliefs du sol, il alimentait des trous d'eau ou des bras morts couverts d'algues plates.

L'un de ces derniers constituait l'abreuvoir ordinaire des chacals. Accablés par la chaleur, ils se précipitèrent sur sa rive, et burent à leur soif. L'une des femelles, la brune, plongea dans l'eau sa tête et son cou. L'autre, au poil beige clair, baigna ses pattes de devant. Le maître chacal gagna le lit du ruisseau et s'y aventura. Les autres le suivirent, mouillant avec volupté leur ventre et leurs flancs.

Soudain, le borgne dressa les oreilles. Il n'avait pas quitté la rive, dédaignant les jeux de ses compagnons. Le museau dressé vers le vent, il grogna. En un instant, les autres cessèrent de se baigner et le rejoignirent.

Les quatre chacals maintenant se tenaient côte à côte, les oreilles hautes, babines découvertes. La brise apportait un étrange bruit d'eau assez violent : une grosse bête pataugeait un peu plus bas. Les premiers effluves de son corps parvinrent aux museaux tendus : une odeur à la fois forte et fade, complètement inconnue, étrangère à l'île. Un gros animal, sorti vivant du fleuve sans aucun doute, remontait le ruisseau.

Le chacal gris rayé fit volte-face, et courut vers la piste. Un instant plus tard, ses trois compagnons et lui-même disparaissaient dans la prairie.

Or, le gros animal qui les faisait fuir n'était autre qu'Asak. Un peu plus tôt dans l'après-midi, le jeune Hud avait crié de joie en découvrant le large ruisseau. Un tel cours d'eau, que l'on pouvait remonter de pierre en pierre, constituait une voie sûre en pays inconnu. Toute mauvaise surprise y demeurait improbable. De quelque côté que vînt l'ennemi, celui qui marchait dans l'eau pouvait courir vers l'autre rive et grimper dans les arbres.

Ces derniers, échelonnés tout le long du courant, appartenaient à diverses espèces. Asak en avait trouvé plusieurs qui lui fournirent des bâtons-à-feu. Le caillou pointu qu'il tenait toujours servit à détacher des branches et à les apprêter. Frottés l'un contre l'autre comme il convenait, les bâtons-à-feu serviraient à enflammer brindilles et copeaux. Asak ferait monter les flammes qui cuisent la viande et font peur aux bêtes mal intentionnées. Par prudence, il avait ramassé tout un fagot de ces morceaux de bois indispensables, les nouant d'une liane. La nuit pouvait venir, il ne la craignait plus.

Le jeune Hud avançait toujours, surveillant les rives. Il dépassa l'abreuvoir des chacals, sautant d'une pierre à l'autre, les bâtons attachés à l'épaule. Il progressa longtemps sans trouver de lieu de repos à sa convenance.

Soudain, le ruisseau qu'il remontait marqua une courbe très accentuée. L'eau heurtait une masse rocheuse, une grande butte qu'elle contournait, ne pouvant s'y faire passage.

Asak passa le coude du cours d'eau, et se retourna pour regarder la butte. Le soleil était encore haut. Les yeux du garçon lui faisaient mal, à force d'attention. Il frotta ses paupières douloureuses, puis sourit en examinant l'obstacle qui défiait le ruisseau.

Il s'agissait d'un vaste éboulis de cailloux montant en pente raide jusqu'à de grands rochers. Un front de roc formait, là-haut, une falaise haute comme cinq ou six hommes. Une saillie en surplomb s'avançait en son milieu.

« Abri ! pensa Asak surexcité. Bon abri ! »

Il sortit de l'eau et entreprit de gravir l'éboulis. Les pierres roulaient sans cesse sous ses pieds. Elles l'entraînaient souvent, lui faisant perdre le terrain gagné à grand-peine.

Le garçon, tout en s'acharnant, se réjouissait de cette instabilité du terrain. Aucune bête ne pourrait le surprendre, s'il dormait là-haut sous les rochers. Dessous ? Il y aurait peut-être une caverne. Cette éventualité arracha une grimace à son visage couvert de sueur. Les cavernes restaient des lieux interdits à l'homme, nommées par le Sorcier parmi les Endroits Maudits. Rien pourtant ne défendait de les visiter par prudence, puis de s'établir devant leur entrée, après avoir dessiné en l'air les signes de protection.

La pénible ascension s'achevait. Les pieds écorchés, Asak se sentit payé de ses efforts. Pas la moindre caverne, mais une dalle de pierre abritée par le surplomb. Un lieu idéal pour dormir, à l'abri de la pluie. En cette saison, les pluies étaient rares, mais violentes.

Le jeune Hud n'avait aucune peau de bête pour protéger sa nudité.

« Bon abri ! » déclara-t-il avec satisfaction.

Puis, comme il jetait sur la dalle de rocher son petit fagot de bâtons, il plissa le front. Dans sa tête retentissait le rire moqueur de son père Akari. Le rire qui saluait les erreurs commises par le garçon.

Asak disposait d'un abri parfait. Il avait des bâtons-à-feu. Très bien. Mais où étaient le bois pour allumer un foyer, la mousse et les brindilles pour recevoir l'étincelle ? Où se trouvait le gibier à cuire ? Il aurait fallu les apporter d'en bas, pour ne pas avoir à recommencer l'escalade.

« Homme jeune, tête vide ! » disait Akari dans des cas semblables.

« L'abri d'abord ! déclara Asak d'un air querelleur. Manger, après ! »

Le vent lui rejeta ses paroles à la figure. Étonné, le jeune Hud comprenait soudain l'une des évidences de la solitude. Personne ne lui ferait de leçons, désormais, ne se moquerait de lui, ne l'aiderait. Ses actes lui appartiendraient, judicieux ou malavisés. Il en subirait toutes les conséquences.

« Akari ! » gémit-il de nouveau.

Une fois de plus, Asak sentit perler de l'eau au coin de ses yeux. Il les essuya rapidement, avec colère. Pour se libérer de ce frisson d'angoisse, il jeta une pierre au loin. Elle rebondit sur l'éboulis, tomba dans le ruisseau presque sur l'autre rive.

Il y eut un « plouf », mais aussi un rapide sillon à peine marqué sur l'eau, s'éloignant du point de chute de la pierre.

Cela fit sourire le garçon. Il se coula le long de la petite falaise et entreprit de redescendre. Comme lors de sa montée, il eut soin de se frayer une route assez loin du surplomb qui l'intéressait. Le tas de cailloux devait demeurer instable sous son abri, pour le protéger vraiment contre les incursions indésirables. Il fallait donc le laisser intact.

En fait, Asak dégringola plus qu'il ne descendit, au milieu de ces cailloux prompts à s'ébouler. Il y gagna quelques écorchures, et sauta de pierre en pierre dans le ruisseau, évitant de toucher l'eau.

L'année précédente, quand il n'était pas encore un homme, le garçon rechignait à cueillir les fruits et les baies avec les femmes. Il évitait cette corvée par son adresse de pêcheur à la main, sans hameçon ni harpon. Les ruisseaux pareils à celui-ci, nombreux sur le rivage des Hudi, recelaient des poissons chasseurs, les meilleurs de tous. Leur chair ferme, parfois rosée, avait un goût délicieux.

Asak évalua la force du courant, regarda la façon dont il se jouait des obstacles. Son expérience lui fit choisir deux rocs plats assez rapprochés, qui suscitaient une cascade en miniature, suivie d'un petit bassin. Le Hud se coucha sur l'une des pierres, examina le fond de l'eau claire. Ses mouvements devinrent aussi précis et silencieux que ceux d'un animal en quête de gibier. Il plongea son bras droit dans l'eau, dirigeant sa main vers le creux de rocher où la truite *devait* se trouver.

Elle était bien là. Une belle pièce. Asak, en écartant le deuxième et le troisième doigt de sa main, les plaça de chaque côté du poisson, vers la queue. Il les ramena ensuite, effleurant à peine les flancs, jusqu'aux ouïes. La truite ne bougeait pas. Elle ne s'enfuirait que si le pêcheur manquait de décision et de précision dans son dernier geste. Mais Asak possédait déjà trop d'expérience pour hésiter ou trembler. Il enfonça d'un coup sec ses doigts dans les ouïes palpitantes. D'un même élan, il enleva le poisson de l'eau et l'envoya sur la berge. L'ayant rejoint, il le saisit malgré ses bonds désordonnés, et le tua d'un coup derrière la tête.

Ayant recommencé quatre fois cette opération, Asak grogna de satisfaction. Il avait de quoi manger ce soir-là et le matin suivant. Il s'était débarrassé de l'obligation de faire du feu. Les truites ont plus de saveur quand on les mange crues, après les avoir vidées sitôt sorties de l'eau.

Le jeune Hud accomplit cette besogne à

l'aide d'un caillou tranchant. Il jeta ensuite cet outil, comme il s'était débarrassé des premières armes ramassées sur la grève : dans ce lieu, il n'y avait qu'à se baisser pour en trouver d'autres, rondes, pointues ou coupantes.

Avec plus d'aisance que la première fois, Asak remonta l'éboulis et suivit la falaise jusqu'au surplomb. Les grosses truites, vidées et écaillées près du ruisseau, attachées autour de son épaule pendant l'ascension, furent l'objet de ses premiers soins. Il en suspendit deux par les ouïes à une grosse racine qui sortait du rocher, sous le surplomb. Si quelque oiseau en sentait l'odeur et venait les prendre, tant pis pour lui. Deux au moins des bâtons-à-feu suffiraient comme massues.

Avant de remonter vers son gîte, Asak envisagea la question de l'eau. En transporter là-haut ? Impossible. Le problème de la soif se trouva résolu de la manière la plus simple. Avant de regagner son abri, le Hud mit son visage dans le ruisseau, et but tout ce qu'il était capable d'ingurgiter. Cela suffirait jusqu'au lendemain.

Tandis que le soir tombait, Asak se reposa, assis sous le surplomb.

« *Oa !* » dit-il, satisfait.

Le soleil tombé, il mangea deux truites qui le rassasièrent. Ensuite, la Mère Lune parut, ce qui était de bon augure. En chasseur bien instruit, Asak disposa à portée de sa main un tas de pierres à lancer, les deux gros bâtons-à-feu. Il se coucha ensuite, le visage vers la vallée. Il songea aux autres Hudi, qui devaient le croire mort. A l'ignoble Abal et à ses fils. La fatigue l'envahissait. Il s'endormit en évoquant le visage de son père.

Chapitre 2

Une ombre derrière le feu

Tout commença par un terrible cauchemar : Asak rêva qu'il brûlait vif dans un feu de forêt. Il tentait d'échapper aux flammes, mais Abal et ses deux fils l'en empêchaient, le repoussant dans le brasier à l'aide de longues perches. Ils riaient de ses efforts dérisoires, de sa souffrance. La douleur devint si forte qu'Asak poussa un hurlement et s'éveilla.

Le soleil allait se lever. Le ciel se colorait en rouge sur les montagnes, au-delà de l'Eau Folle. Le garçon cligna des paupières, revenant à la réalité. Il n'y avait pas de feu. Il était endormi sur un rocher, sous un surplomb. Les événements de la veille revenaient à sa mémoire. La traversée du

Père Fleuve, la marche d'exploration sur la Terre-de-l'Eau. La morsure du feu n'était qu'un rêve, et pourtant Asak cria de nouveau. La douleur demeurait. Tout son corps n'était que brûlures. Dans le demi-jour, il regarda sa poitrine, son ventre, ses cuisses, et les vit couverts d'insectes sombres qui le piquaient, le dévoraient vivant.

Avec des hurlements de souffrance, le Hud se précipita pieds en avant dans l'éboulis, insensible au choc des pierres qui le meurtrissaient. Il tomba sur le dos, déboula dans une avalanche jusqu'à la berge du ruisseau. Tout en dégringolant, il frottait toutes les parties de son corps qu'il pouvait atteindre, pour chasser les bestioles. Par chance, elles n'appartenaient pas à l'espèce qui s'insinue sous la peau. Quand il se releva, écorché par sa folle descente, Asak continua à se frictionner vigoureusement, et parvint à se débarrasser de cette vermine inconnue. Il se roula par terre pour faire tomber les insectes qui continuaient à lui piquer le dos.

Pour finir, il alla plonger dans le trou à truites, entre les roches plates. Il s'immergea complètement. La fraîcheur de l'eau vive le débarrassa de ses brûlures en une caresse délicieuse. Pataugeant, Asak se remit debout, non sans avoir longuement secoué la tête et gratté son crâne à la racine des cheveux. Il se percha sur un rocher.

« *Ea !* » dit-il avec satisfaction.

Il respira une bouffée d'air frais, déjà prêt à rire de sa mésaventure. Alors, la douleur, la brûlure l'assaillirent de nouveau. Asak examina son corps. Aucun insecte n'y demeurait, mais ils avaient laissé leur marque : d'innombrables points sombres, piqûres ou morsures qui continuaient à le torturer. Il se rejeta dans l'eau en gémissant.

Ce nouveau bain eut le même effet immédiat que le premier. Après plusieurs tentatives, Asak renonça à sortir du ruisseau. Enfoncé dans l'eau jusqu'au menton, il ne souffrait plus. Sitôt qu'il remontait sur les pierres, il ressentait les mêmes brûlures cuisantes.

L'expérience était nouvelle pour lui. Certes, il avait été piqué et mordu bien des fois par les choses qui rampent sous les pierres. Jamais durant son sommeil, ni sur tout le corps. Il décida de rester dans l'eau, puisque cela suffisait à le soulager. Il but longuement, retrouva son calme. La douleur finirait bien par s'en aller.

Un mouvement furtif là-haut, sous le surplomb où il avait dormi, attira son attention. Des loups, pensa-t-il d'abord avec effroi. Que pourrait-il faire contre des loups, nu, sans armes, le corps en feu ? La bête qui se faufilait là-haut contre la falaise, ayant examiné les environs, prit de l'assurance et se montra. Un chacal gris strié de jaune, qui avançait presque en rampant, les yeux aux aguets.

« *Ea !* » cria Asak à pleine gorge pour l'effrayer.

Il rit en voyant l'animal peureux plonger dans un maigre buisson, faisant rouler les pierres. Les chacals n'étaient pas dangereux. Les Hudi toléraient, encourageaient même leur présence presque invisible autour des huttes. Ces charognards dévoraient chaque jour les entrailles de gibier, les déchets de nourriture que l'on jetait en tas loin du village. En cela, ils se montraient utiles. Leur chair répugnait aux hommes. On ne les tuait que lorsqu'ils devenaient trop hardis, quand la faim leur faisait oublier la peur, et qu'ils essayaient de venir voler la viande ou le poisson. Aucun interdit ne les frappait. On riait plutôt de leur lâcheté, tout en approuvant leur patience. Ni des amis, ni des ennemis, en somme, plutôt des voisins tolérés, quand ils restaient à leur place.

Asak, toujours assis dans l'eau, la tête immobile, s'amusait du manège des chacals. Car ils étaient plusieurs là-haut, maintenant. Le gris rayé devait être le chef de harde, d'après ses façons. Le garçon comprit bientôt la raison de leur présence sous le surplomb. Ils avaient senti l'odeur des deux truites

« Ea ! » *cria encore Asak.*

vidées suspendues à la racine. Le repas qu'Asak ne mangerait pas ce matin-là.

S'étant assuré qu'aucun ennemi ne les menaçait, le maître chacal permit à ses congénères de se montrer à leur tour. Asak avait accroché les truites à bonne hauteur, pour les soustraire aux rampants nocturnes. Savaient-ils sauter à cette hauteur ? Ils étaient quatre maintenant, les yeux levés vers leur proie.

« *Ea !* » cria encore Asak.

Cette fois, le cri ne suffit pas à les mettre en fuite. Ils couchèrent les oreilles, regardèrent en bas, dans la direction d'où venait le cri. Ensuite, ils redonnèrent leur attention aux truites suspendues hors de leur portée.

Le gris rayé sauta bel et bien. Trop court. Il retomba d'aplomb sur ses pattes : « *Pour apprendre à tomber*, enseignait Akari, *regarde faire les animaux.* » Le chacal sauta de nouveau. Cette fois, ses dents tranchèrent la liane passée dans l'ouïe des truites. Avec des grognements, les quatre bêtes se partagèrent le butin. Asak remarqua que le gris et le brun laissaient un peu de leur part aux deux autres, sans doute des femelles. Il approuva de la tête cette loi partout vérifiée : les mâles partagent leur nourriture avec les femelles et les petits, quand ils ont chassé.

Leur repas terminé, les chacals disparurent furtivement. Telles étaient leurs façons :

glisser, ramper, ne courir à découvert qu'en troupe et en sécurité.

Ayant fini de rire, le jeune Hud s'aperçut qu'il avait faim aussi. Il se redressa avec précaution, prêt à plonger de nouveau si la douleur de ses piqûres restait insupportable. Sa peau brûlait encore, mais le bain prolongé lui avait fait du bien. Il remonta le ruisseau sur une vingtaine de pas, trouva un endroit propice à la pêche, et tira de l'eau son déjeuner : deux autres poissons qu'il dévora sur place.

Il ne fallait plus songer à partager l'abri du surplomb avec ces redoutables insectes. Asak décida pourtant de remonter là-haut chercher ses bâtons-à-feu. Il gravit et redescendit l'éboulis avec peine, se baigna de nouveau en redescendant. Bien qu'atténuée, la douleur des piqûres demeurait présente. Le Hud avait chaud. Non de cette chaleur que donne le soleil, mais de celle qui prend naissance à l'intérieur du corps, annonce la maladie et parfois la mort. La fièvre. Asak connaissait cela. Il l'avait déjà éprouvée. Beaucoup d'enfants en mouraient. Les femmes connaissaient des remèdes parfois efficaces, des emplâtres d'herbes contre les piqûres et morsures envenimées.

Lui ne connaissait rien aux herbes. Il n'avait personne pour l'aider. Il savait que la fièvre rend faible, ôte la force aux hommes les plus courageux. Pour l'instant, il se sentait encore capable de protéger sa vie, mais comment ? Ramasser du bois, faire du feu ? Il faudrait ensuite l'alimenter sans cesse, et le pourrait-il ? Aller plus loin, chercher une autre cachette ? Imprudence. La chaleur dans son corps augmentait, ses oreilles bourdonnaient, il avait du mal à se tenir debout.

Tout jeune qu'il fût, Asak ne manquait pas de volonté. Il prit sa décision en un instant. Son salut provisoire, c'était le ruisseau. Il fallait gagner ce gros rocher sur lequel se brisait le courant, se hisser dessus, emportant les bâtons pour se défendre, des feuilles pour abriter sa tête du soleil brûlant. Comme dans un rêve, le garçon accomplit les gestes nécessaires : cueillir des feuilles, les lier autour de lui. Attacher des bâtons-à-feu sur son dos.

Chancelant, tombant parfois à l'eau, il remonta le ruisseau bien au-dessus du rocher qui le protégerait. Il marcha ensuite dans sa direction, puis se laissa porter. S'agrippant aux saillies du roc, il y grimpa. Il s'allongea comme il put entre deux fissures humides, sur la pierre raboteuse et inégale. Il mit ses bâtons près de lui, se couvrit la tête de feuilles, et perdit connaissance. Le jour cessa d'être le jour.

★

L'oiseau-pierre le réveilla. Les Hudi nommaient ainsi un volatile dont le cri rappelait le bruit de pierres entrechoquées. En fait, Asak se souvenait vaguement d'avoir déjà entendu l'oiseau-pierre. D'avoir vu deux soleils et deux lunes passer, tandis qu'il grelottait de fièvre sur le rocher, dans le ruisseau. Il se rappelait aussi avoir crié, appelé Akari, supplié les femmes de le guérir. Une fois, il avait cru que le Sorcier lui-même se tenait devant lui, tendant son bâton en bois de cerf. Les jours s'étaient éteints, puis rallumés. Toujours en proie à la fièvre, la tête embrumée, le garçon passait du sommeil à une demi-conscience hébétée.

Mais soudain, voici que l'oiseau-pierre lançait distinctement son cri. Un soleil naissait. Le troisième depuis qu'Asak s'était effondré, abattu par la maladie. Le garçon ouvrit les yeux. Il promena une langue sèche sur des lèvres gercées. Soif. Très soif! Son corps ne brûlait plus, la fièvre était partie. Il connaissait la maladie, et cette faiblesse qui lui succède. Jamais pourtant il n'avait été aussi heureux d'être guéri. Plusieurs fois, Asak avait connu cette perte de forces, ce malaise, accompagnés de diverses douleurs. Pourtant, chacun de ses retours à la vie s'était accompli au milieu de visages souriants, de mains rassurantes. Guérir, cela signifiait entendre des cris joyeux, manger les meilleurs morceaux, se trouver choyé par tout le village.

« Le mal m'a quitté ! pensa le jeune Hud émerveillé. J'ai guéri sans les femmes ! »

Il essaya de se mettre debout, et put à peine soulever son torse. Il remua les jambes. Toute sa force semblait disparue. Cependant, Asak restait heureux. Il se mit à rire. Il comprenait pourquoi la fin des maladies met tant de joie dans le village : « *Celui-ci ne mourra pas, il restera parmi nous.* »

La soif devenait insupportable. Asak parvint à s'asseoir, puis à se lever. Cela prit du temps, car il retombait sans cesse, se meurtrissant sur le rocher. Il parla sévèrement à ses jambes, leur expliquant que la maladie s'en était allée, qu'elles devaient obéir de nouveau. Pour finir, il réussit à rester debout et à faire quelques pas chancelants.

Le rocher qui l'avait abrité s'élevait trop haut au-dessus du ruisseau pour qu'Asak pût boire en se couchant au bord. Il se laissa donc glisser dans le courant, et se fit porter jusqu'au tournant, vers les pierres plates où il avait pêché les premières truites. La fraîcheur de l'eau, le bonheur de vivre lui arrachèrent un cri de plaisir. Avec toute la prudence d'un homme, le garçon but moins et surtout moins vite qu'il ne le désirait : les anciens et sa propre expérience lui avaient appris que la soif et la faim doivent se satisfaire lentement, quand elles sont extrêmes. L'immersion dans l'eau vive le revigora.

Il gonfla sa poitrine, remua les bras. Le courant le porta sur le bord. En riant, Asak prit deux pierres et les frappa l'une contre l'autre. L'oiseau-pierre lui répondit. Le rire d'Asak redoubla. Il voulut bondir sur la rive, et s'étala sur les cailloux, la tête un peu vague. Il décida de rester là un moment. Le soleil ne brûlait pas encore. Il était bon de se sentir guéri, sauvé, vivant. Il s'assoupit.

Un mouvement tout proche l'éveilla. Cette fois, la prise de conscience fut rapide. Il sut où il était, et que seul un enfant ou un fou s'endort en un lieu exposé. Ses réflexes, formés par Akari, jouèrent. Au lieu de se lever et de s'enfuir, il ouvrit d'abord les yeux, évaluant le danger qu'il venait de pressentir tout proche.

Les chacals ! Les quatre chacals se tenaient à quelques pas de lui, le museau pointé, reniflant dans sa direction. Son sommeil les avait enhardis. Le gris rayé, posté en avant des autres, examinait cet animal inconnu sur la Terre-de-l'Eau. Depuis deux jours, ils ne le perdaient pas de vue, sur son roc au milieu du ruisseau. Mort ? L'odeur disait que non. Allait-il se relever, suspendre encore de succulents poissons sur les rochers ? Dormirait-il longtemps sur cette grève ? Ils s'approchèrent, patte après patte.

« *Ea ! Ea !* cria soudain Asak en s'asseyant. Fuyez, chacals ! »

Le résultat de ce cri dépassa les espérances du garçon. Ils s'enfuirent après avoir sauté sur place, en proie à la terreur. Ils se dépêchaient tellement que l'un d'eux, la femelle claire, glissa sur le roc et roula sur elle-même avant de reprendre sa course affolée. Asak riait de tout son cœur : il n'avait jamais vu rien de si drôle.

Retournant au ruisseau, il y but, cette fois longuement. La faim le tenaillait. Il se souvint d'avoir vu un peu plus loin sur la berge, tandis qu'il remontait le courant, des buissons à baies rouges. Il se força à marcher pour en retrouver l'emplacement. Ces baies passaient pour très nourrissantes et revigorantes. Leur jus était sucré, avec un fond d'acidité. Le jeune Hud en dévora une grande quantité.

Il s'étira, remonta jusqu'aux roches plates. Ses forces ne revenaient pas aussi vite qu'il l'aurait voulu. L'idée de remonter sur le rocher immergé qui lui avait sauvé la vie l'emplissait de lassitude. La digestion l'alourdissait. Pourtant, un chasseur doit prévoir ce qui l'attend, agir en conséquence, se souvenir de l'inévitable et y faire face.

Or, il allait faire très chaud. Ensuite, la nuit viendrait avec tous ses dangers. Malgré la fatigue, il faudrait regagner cette île dans l'île, ce roc dans le courant. Il passa le reste de la journée à se reposer, à examiner le paysage. Par malheur, celui-ci restait limité : le ruisseau coulait dans une petite vallée encaissée, avec des accès au bois et à la prairie. Asak se risqua sur la berge elle-même. Aucune bête sauvage n'était apparue. S'il n'y avait rien de pire que les chacals...

Chaque fois qu'il pensait à eux, Asak souriait, pensant à la frayeur qu'il leur avait causée. Le soir, tandis qu'il pêchait à nouveau, sa faim revenue, il tira un gros poisson de sous une pierre. Le garçon connaissait cette espèce-là : des arêtes partout, même dans les filets. Il allait le rejeter dans l'eau quand il pensa aux chacals. Il serait amusant, une fois réinstallé sur le rocher du courant, de regarder le gris rayé et sa suite se battre pour cette unique proie. Asak tua donc le gros poisson et le laissa sur le rivage, près du bord, bien en vue. Il pêcha ensuite pour lui.

Regagner le rocher fut encore plus difficile que prévu. Le courant était bien fort pour les jambes affaiblies d'Asak, et ses gestes encore maladroits. Il but pour la nuit, et entreprit de grimper. Il trouvait bien des prises pour ses doigts et ses orteils, mais pas assez de vigueur pour haler son corps vers le haut. Il retomba trois fois dans l'eau. Le quatrième essai fut le bon. Affalé sur la roche inégale, le jeune Hud se sentait à nouveau faible comme un bébé. Respirer devenait un supplice. Il essaya de se faire honte : lui, un homme, se sentir épuisé pour si peu de chose... Il se traîna jusque dans le creux où il avait failli mourir de la fièvre. Les bâtons-à-feu étaient toujours là, prêts à servir quand il aurait du bois, quand ses jambes se réveilleraient, quand sa tête redeviendrait claire.

Le crépuscule tomba. Asak allait mieux. Il était sûr désormais que la maladie s'en était allée. Il s'allongea dans le sens du courant, regardant le gros poisson sur la berge, à cinquante pas de là. « *Venez, chacals !* pensait-il avec impatience. *Venez me faire rire !* » Car ils reviendraient sûrement. Où va l'homme suit le chacal, qui mange les restes de sa nourriture. Ceux-là avaient été si bien nourris de truites volées !

Il s'éveilla sans comprendre ce qu'il faisait là, couché sur le ventre contre toutes les règles des chasseurs. La mémoire lui revint, il poussa un grognement de dépit. Le sommeil l'avait surpris tandis qu'il guettait la venue des chacals, et maintenant il faisait nuit. Les nuages cachèrent la lune. La seule chose à faire était de se coucher plus confortablement et d'attendre le jour. Il se sentait moins faible, et tout à fait guéri. Sans qu'il pût le savoir, le venin que les insectes lui avaient injecté s'était éliminé. Il ne lui manquait qu'un bon repos. S'il ne connaissait rien aux maladies et aux poisons, Asak savait qu'il faut écouter les ordres que donne à chacun son propre corps : « Mange, bois, dors. » Il n'avait plus ni faim ni soif. Il s'installa dans le creux de roche, couché sur le flanc, et dormit jusqu'à une autre aurore.

Un autre oiseau-pierre, à moins que ce ne fût le même, le tira de ce sommeil réparateur. Asak se leva, tout à fait rétabli. La bonne force retrouvée courait dans sa poitrine, qu'il frappa du poing.

« Je suis Asak, fils du chef Akari ! » déclara-t-il au soleil levant.

Il se souvint ensuite que le puissant Akari était tombé sous les flèches des fils d'Abal. Qu'il était seul sur la Terre-de-l'Eau. Cette fois, il n'en conçut aucun chagrin, seulement une exaltation. Il survivrait, il dompterait les bêtes, il ferait monter son feu haut et clair.

Plongeant dans le courant, il gagna les pierres plates, puis la grève. Plus de gros poisson, à peine quelques écailles pour témoigner qu'il avait été là. Les chacals, attendant la nuit, le privant du spectacle de leur repas, s'étaient régalés. Asak ne leur en voulut pas de s'être montrés plus rusés que lui. Sans doute se cachaient-ils maintenant dans les buissons.

« *Tol !* cria-t-il dans leur direction supposée. *Ea, tol !* »

Tol, en langue hud, signifiait chacal. Le garçon pêcha et mangea encore deux truites, bien que cette chair fade et blanche commençât à le dégoûter. Il était temps d'entrer courageusement dans l'intérieur des terres, de mériter sa vie. Les bâtons-à-feu, qu'il n'avait pas oubliés sur le rocher, furent liés sur son dos.

Il se trouvait en quelque sorte au même point que lorsque, trois jours auparavant, l'Eau Folle l'avait jeté sur l'île. Mais son cœur n'était plus le même : la maladie vaincue, la présence assurée de nourriture dans le ruisseau, l'intermède même des chacals le rendaient plus sûr de lui. Plus familier aussi avec cette terre inconnue qui allait devenir la sienne, qu'il devait conquérir en homme et en chasseur.

« Mangez, chacals ! cria-t-il avec dérision, montrant les restes de truites qu'il abandonnait près de l'eau. *Am, tol !* »

Asak contourna l'éboulis aux insectes et grimpa sur un talus. La prairie s'étendait devant lui.

★

Le lynx dressa les grands pavillons poilus de ses oreilles. Il dormait dans un arbre, quand un bruit insolite lui fit reprendre conscience. C'était un lynx adulte, dans la plénitude de sa force. Aucune bête n'osait se mesurer à ceux de sa race. Ces félins, d'une rapidité et d'une souplesse fulgurantes, portaient à leurs pattes antérieures des armes sans rivales : dix griffes longues et acérées. Cachées sous le velours des pattes, elles pouvaient en un instant jaillir, déchirer, lacérer. Personne n'égalait les lynx pour la promptitude et la sauvagerie. Comme en plus ils grimpaient aux arbres, les plus forts des carnassiers se trouvaient devant eux en état d'infériorité. Même les loups, maîtres des bois, les évitaient.

Par chance pour les autres habitants de la Terre-de-l'Eau, les lynx ne pullulaient pas. Leur nombre se limitait à deux ou trois familles, qui habitaient la forêt en amont de l'île. Leurs femelles mettaient bas deux ou trois petits seulement. Sitôt que cette harde devenait trop nombreuse, une maladie mystérieuse s'abattait sur elle, réduisant son nombre à presque rien.

Le lynx prit le vent, tandis que frémissaient les poils de ses oreilles. Un vague relent lui parvint, l'odeur fade d'une bête qu'il ne connaissait pas. Il ouvrit les yeux. Sa vue incomparable lui montra, à quinze ou vingt bonds dans la prairie, une créature étrange. Elle ne marchait que sur deux pieds, comme les oiseaux. Pourtant, elle ne possédait pas d'ailes, seulement deux pattes de devant qui pendaient de ses épaules. Le lynx ne tira pas de cette présence l'idée d'un danger. La créature presque sans poils ne semblait pas redoutable, plutôt un peu ridicule. L'attaquer ? Pourquoi ? Le lynx ne chassait que dans la forêt, et seulement pour manger. L'animal inconnu restait dans les herbes. De plus, le lynx se trouvait occupé à digérer un lapin entier. Il referma les yeux, baissa les oreilles, prêt à se rendormir. Une autre odeur le sollicita : les chacals. Des chacals suivaient l'animal vertical, trente bonds en arrière de lui. Le lynx retroussa ses babines avec mépris. Tout cela n'était que charogne, et gibier de charogne.

Cependant, inconscient de la présence lointaine du lynx sur son arbre et du peu de cas qu'on faisait de lui, Asak avançait hardiment. Guéri, revigoré par un autre repas de poisson et de baies, il avait escaladé le surplomb où nichaient les horribles insectes. Du haut de cette éminence, il pouvait voir loin de tous côtés. Ici, le ruisseau courant vers le fleuve. Là, serrée entre deux lisières de forêts, la prairie qui s'enfonçait au cœur de l'île.

Asak possédait une vue presque aussi

Le lynx prit le vent, tandis que frémissaient les poils de ses oreilles.

perçante que celle du lynx. Au loin, tout au bout de la prairie, il distingua un monticule de rochers qui scintillait au soleil.

« *Oa !* » s'écria le garçon tout excité.

C'était (ou ce n'était pas) de la pierre-à-étincelles, qui dans notre langue s'appelle silex. Les Hudi, sur leur bord du fleuve, devaient remonter loin et marcher dans les terres hostiles pour trouver cette roche utile aux hommes. Frappé contre certaine pierre rougeâtre que l'on trouve par bancs, le silex produit des étincelles qui allument du feu à volonté. On peut en outre le façonner pour faire de petits grattoirs, des poinçons, les outils qu'il faut pour apprêter les peaux.

Or, la roche du surplomb, creusée par les eaux, montrait des dépôts de cette pierre rouge qui tire l'étincelle du silex ! A l'aide de cailloux pointus, Asak en détacha deux ou trois gros fragments. Il se mit ensuite en route à travers la prairie. Or, sachez qu'Asak, en vrai chasseur, ne partait pas à l'étourdie. Il mit sur son dos les bâtons-à-feu et des poissons entourés de feuilles, attachés par des lianes. Un autre réseau de lianes lui faisait une ceinture, dans laquelle il assura les pierres rouges amies du silex. De la main droite, il tenait une branche plus haute que lui, dont il avait aiguisé le bout avec des pierres tranchantes. Un de ces éclats, le plus aigu, armait son poing gauche.

Asak traversa la prairie à découvert. Il avait un peu peur, ce qui est raisonnable : un chasseur ne doit pas s'assoupir dans la confiance. Il prenait un risque. Si une meute de loups, par exemple, fondait sur lui, la prairie ne lui offrirait aucun refuge, arbre ni rocher. Pourtant, il osa tenter la chance. En pays inconnu, il lui semblait plus sage de se fier à la plate étendue des herbes qu'aux lisières de forêt. S'il avait choisi la forêt, il serait passé sous l'arbre où le lynx sommeillait : ainsi sauva-t-il sa vie par un choix avisé.

Le soleil tirait des éclairs de l'amas rocheux dont s'approchait Asak. Pas une colline, mais un entassement de blocs dont certains s'étaient morcelés. Quand il fut tout près, le garçon ne put s'empêcher de courir. Il jeta sa branche et son arme de poing pour prendre dans ses mains des fragments épars : tout un moutonnement de pierre-à-étincelles, une inépuisable réserve de silex !

Il commença par en faire le tour, ce qui prit du temps. Il escalada l'un des gros blocs, cherchant un abri pour la nuit suivante. Cela fait, il revint à son point de départ, se débarrassant de tout ce qu'il avait apporté en le jetant à terre.

La forêt, à cet endroit, avait dû brûler quelques années plus tôt, car beaucoup d'arbres morts la bordaient. Sa branche pointue brandie devant lui, Asak traversa le plan d'herbe jusqu'au premier arbre abattu. Rien ne bougeait dans les feuillus tout proches. Le garçon fit un gros fagot de bois sec, qu'il traîna jusqu'à l'entassement de silex. Le travail était pénible, la route longue. Le jeune Hud avait retrouvé toute sa force. Il s'émerveillait de voir pulluler lapins et oiseaux, qui assureraient sa nourriture. Le soleil montait dans le ciel. Asak eut soif. Mais où boire ? Pas de source, ni de creux d'eau. Le ruisseau se trouvait à des milliers de pas.

Il décida d'oublier la soif. Le premier geste, le plus important, restait à faire pour se conduire en homme, assurer sa vie à venir : allumer le feu.

Dès son arrivée, Asak avait choqué la roche rouge contre le silex. L'étincelle jaillit tout de suite. Maintenant, il confectionnait un foyer entre des pierres. De la mousse sèche d'abord. L'étincelle, renouvelée plusieurs fois, en fit sortir un filet de fumée. Sur la première petite flamme, le garçon posa deux brindilles, puis d'autres, des morceaux d'écorce, du bois enfin. La flamme jaillit, s'épanouit dans la lumière de la mi-journée. Comme il convenait, Asak leva les bras et chanta l'hymne du feu, qu'on apprend aux jeunes enfants, et que les vieillards glapissent encore :

« *Feu, grand feu, ami des Hudi, ennemi de leurs ennemis...* »

Quand il en eut terminé avec ce rite, Asak entreprit trois autres voyages vers les arbres morts. A l'aide de lianes, il remorqua de grosses branches. Cela l'épuisa. Il remit du bois sur les braises, s'étendit sur le sol et manqua s'endormir de fatigue. Un effort de volonté l'en empêcha, le força à se remettre debout. Le jour n'était pas à son terme, et beaucoup de choses restaient à faire.

D'abord, Asak se fabriqua une arme véritable. Pour cela, il polit la branche la plus sèche et la plus dure qu'il put trouver, longue de vingt mains à peu près. Il s'aida d'un éclat de silex. L'épieu terminé, il en durcit le bout au feu.

Le foyer comportait désormais une bonne épaisseur de braise. Creusant le sol tendre de la prairie, Asak confectionna une réserve-à-feu, dont le bas et les côtés furent garnis de pierres. Il l'emplit de braise, qu'il y poussa à l'aide de bâtons. Par-dessus, il empila de grosses bûches.

Au début de l'après-midi, il avait non pas mangé mais sucé les truites apportées du ruisseau, pour tromper la soif. Plus tard, il fallut céder, et retourner vers l'eau. Asak, regardant le soleil, pensa qu'il aurait le temps d'aller boire et de revenir avant que la nuit ne tombe.

Il refit le chemin à travers la prairie, fatigué, son épieu à la main. Revenu au ruisseau, il se baigna et folâtra avec délices, après avoir bu autant qu'il le pouvait. Il pêcha, mangea, se baigna encore longuement.

Asak, bien qu'il fût un homme, manquait d'expérience. Il perdit trop de temps au ruisseau. Tandis qu'il se hâtait vers son feu, à travers la prairie, le soleil luttait déjà contre la terre qui allait le dévorer, comme chaque jour. La route était longue. Asak priait le soleil de se défendre contre la terre, de rester encore un peu dans le ciel pour le protéger.

Soudain, il s'arrêta, éperdu, tourna la tête. Il venait de s'apercevoir qu'il avait oublié son épieu près du ruisseau. Or, la nuit venait, il se trouverait désarmé, à la merci des bêtes sauvages...

Il courut. Le ciel se teintait de rouge. Soudain, le feu qui s'était assoupi entre les bûches se réveilla, et produisit de hautes flammes. Cent pas encore, cinquante...

« *Oa !* » cria Asak en s'effondrant près du foyer.

La nuit pouvait venir, maintenant. Là-haut, sur le gros rocher rond, pas de fissures où pouvaient nicher des insectes : juste un nid pour un garçon très las. S'étant reposé et restauré, Asak se jura de chasser dès le lendemain : il en avait assez du poisson ! Il chargea le feu avec les plus gros morceaux de bois qu'il avait traînés, et les couvrit de pierres. Cela durerait jusqu'au nouveau soleil.

« Avant de dormir, décida-t-il, je dois tailler un nouvel épieu. »

Il s'y appliquait, lorsqu'un mouvement se produisit dans les herbes, non loin de lui. Abandonnant la branche à demi façonnée, Asak escalada le rocher rond. Aucune bête, pensait-il, n'était capable de l'y suivre. Il s'y coucha. Le bruit recommença, plus fort :

« *Tol?* demanda Asak. C'est vous, les chacals ? *Ea !* Allez-vous-en ! »

Une ombre passa devant le feu. Pour aussi rapide qu'ait été son apparition, le jeune Hud reconnut qu'il s'agissait d'un homme.

Cette fois, il se crut perdu. Il se reprochait son imprudence, sa sottise. Au lieu de s'amuser dans le ruisseau, il aurait dû chercher un vrai refuge, façonner un arc, songer que la terre est pleine d'ennemis. Plusieurs Étrangers avaient paru sur le territoire des Hudi, à en croire les récits des femmes. Bien peu venaient en paix, à l'exception des Gens du Fleuve. Un Étranger, cela voulait dire bataille. Sans armes, bataille signifiait la mort.

« N'approchez pas ! hurla-t-il. Allez-vous-en ! Je suis Asak ! Je vous percerai de mes flèches !

— Asak ! appela quelqu'un dans la nuit. Asak ? »

Au son de cette voix, le garçon tressaillit de stupeur et de joie.

« Akari, cria-t-il. Akari ! »

Il descendit si vite de son rocher qu'il dégringola sur le sol, se tordant la cheville. Une robuste silhouette humaine se tenait debout devant le foyer, sans essayer de se dissimuler.

« Akari ? » répéta Asak, sautillant sur un pied.

Une robuste silhouette humaine se tenait debout devant le foyer...

Bientôt, il embrassait les genoux de son père. De son père que les flèches et le fleuve avaient épargné... Qui l'avait retrouvé.

« Mauvais gîte, disait la voix d'Akari. Grand feu, imprudent chasseur ! »

Asak écoutait la gronderie avec un plaisir qui lui tirait des larmes. Son père était vivant. Il ne serait plus seul !

« Asak a allumé le premier feu ! » déclara-t-il.

Le chef Akari mit la main sur le cou de son fils, comme il se doit. Il replaça de façon plus convenable les pierres qui entouraient le foyer, les fit se chevaucher.

« Petit chasseur ! répéta Akari. Sans moi, les loups te mangeraient.

— Mais tu es plus fort que les flèches, plus rapide que l'Eau Folle !

— Dormir, dit Akari. Dormir, maintenant. »

Ils se couchèrent l'un contre l'autre sur le rocher rond, sous les étoiles qui sont les yeux des habitants du ciel.

Chapitre 3

Le loup gris

Quand il entendit un bruit de branches cassées derrière son dos, Asak réagit comme Akari, son maître-à-chasser, lui avait appris à le faire :

« Surtout, ne pas se retourner, c'est du temps perdu. C'est un ami ou un ennemi. Agis comme si c'était toujours un ennemi. Bondis de côté, grimpe à un arbre s'il y en a un tout près. »

Il y avait un arbre, un drôle de grand pin tordu, pourvu d'une longue et grosse branche horizontale, à cinq hauteurs d'homme du sol. Asak grimpa le long du tronc rugueux aussi vite qu'il le put, et s'établit sur la branche. Il entendait le bruit d'une course sans retenue, à sa poursuite. A peine se hissait-il sur la branche qu'un clappement sec lui parvint : des mâchoires, qui avaient failli se refermer sur ses talons.

Le garçon, s'aidant du tronc de l'arbre, se retourna. Il vit un loup gris, le plus gros et le plus répugnant qu'on pût imaginer. Un vieux. Les cicatrices de son pelage racontaient cent combats. Ses yeux rouges luisaient entre des bourrelets. Des plis pendaient sous son cou. Un solitaire, chassé du troupeau par les jeunes, sans doute.

Tout cela, Asak s'en persuada en un instant : l'âge du loup, à cause de son aspect ; qu'il était seul, puisque cette race hurle en chœur quand elle encercle une proie. Cela comportait deux éléments favorables : un vieux loup ne peut sauter très haut, et mieux vaut un seul ennemi que toute une bande. Cependant, la situation restait critique. Asak n'avait pour armes qu'un éclat de silex. Le gourdin qu'il portait sur l'épaule en marchant était resté au pied du pin. D'ailleurs, il n'aurait servi à rien. Un arc et des flèches, voilà ce qu'il fallait. Il les avait laissés là-bas, près du feu !

Depuis qu'Asak avait retrouvé son père, ils s'étaient d'abord occupés de trouver un abri sûr, d'en faire une véritable demeure, d'amasser du bois à brûler, de poser des pièges. Le matin de ce même jour, Akari partit dans la forêt, armé de son épieu et d'un arc de noisetier. Du haut de la colline où il avait établi leur gîte, le chef hud repéra au loin, dans une clairière, deux grands arbres-à-plumes. Il emportait dans sa ceinture de lianes des éclats de silex tranchants, bien que non façonnés. Ces outils lui permettraient de couper deux belles branches d'if, ce végétal dont les feuilles ressemblent en effet aux plumes des oiseaux. L'if fournit les meilleurs arcs, même quand son bois n'a pas suffisamment séché. Les pousses de noisetiers encore pleines de sève ne lançaient pas les flèches avec assez de force contre les ennemis sérieux.

Debout sur sa branche d'arbre, Asak considérait « l'ennemi sérieux » qui le guettait, le vieux loup gris accroupi à l'affût. Il avait honte de lui-même. Certes, son père s'était gardé de lui donner des conseils, seulement des ordres : relever les pièges, racler quelques peaux de lapin, durcir au feu des flèches bien droites et bien appointées. On n'explique pas à un homme, même tout jeune, qu'il ne faut pas pénétrer sous le couvert pour chercher des escargots et des baies, abandonnant ses tâches, à peine armé. Celui qui se risque à cela n'est qu'un enfant, non un chasseur. Asak, donc, avait honte d'avoir agi comme un étourdi. Il s'en prit au loup qui le guettait paisiblement, couché sur le ventre, la langue pendante.

« Je n'ai pas peur, lui cria Asak. Tu ne peux pas sauter. Tu es un vieux loup pelé. *Ea !* Va-t'en ! »

Le loup ne bougeait pas. La chaleur le faisait haleter. Dans sa gueule entrebâillée, on voyait encore assez de dents pour inspirer le respect.

Asak réfléchit. Le loup pouvait attendre toute la journée et la nuit d'après. Une semblable proie en valait la peine. Lui, en revanche, allait avoir soif, puis faim, ce qui n'était pas grave. Sommeil enfin. S'il s'endormait, il tomberait de l'arbre, et le fauve l'égorgerait.

Restait Akari, parti depuis longtemps au cœur de la forêt. Akari n'avait qu'un arc de noisetier vert — à peine séché au feu — son épieu, mais aussi toute sa science de chasseur. Il fallait se faire entendre de lui quand il reviendrait tout en l'avertissant du danger.

Asak adopta donc une double tactique. D'une part, il poussa des cris à intervalles réguliers. Il mentionnait sa position dans l'arbre, la présence et l'âge de son assiégeant, prévenant son père pour qu'il prenne ses précautions.

Par ailleurs, il entreprit de fatiguer le loup. C'était une entreprise un peu folle, que n'aurait sans doute pas tentée un adulte. Il laissait glisser ses jambes le long du tronc, s'accrochant à la maîtresse branche, faisant mine de descendre. Les deux premières fois, le loup se laissa tenter. Il prit son élan et sauta. Asak replia aussitôt les genoux, sans nécessité : la distance restait trop grande. Le loup le comprit. Dès la troisième tentative d'Asak, il refusa de jouer le jeu, resta couché sans réagir.

« Vieux loup pelé ! cria le jeune Hud. Lâche, fils et père de lâche ! »

Son dépit ainsi exprimé, le garçon renonça à exciter la bête. Il criait régulièrement du côté où son père devait se trouver :

« Asak sur un arbre ! Un loup tout seul dessous ! Un vieux loup ! »

Un long temps s'écoula sans que les deux ennemis changent de position. Le loup restait allongé, ménageant ses forces. Le garçon, assis sur la branche, poussait de temps en temps, à pleine voix, son appel monotone.

Soudain, les buissons bougèrent à la droite du loup. Il se remit sur ses pattes, les poils de son cou se hérissèrent.

« Akari ! hurla Asak. Le loup, sous l'arbre ! Attention ! »

La bête fauve tremblait un peu sur ses pattes, l'écume aux babines. Qu'est-ce qui avait fait bouger les plantes du sous-bois ? Plus tard, Asak prétendit que c'étaient les chacals, la bande du gris rayé qui les avait suivis jusque sur les collines, et mangeait leurs déchets de viande. Avec bon sens, son père répliquait que les chacals, rayés ou non, ne s'avisent jamais de venir narguer les bêtes féroces. En riant pour augmenter la honte de son fils, il prétendait qu'il pouvait s'agir d'une souris, ou d'un lézard. Des animaux aussi redoutables, n'étant pas prudents comme le chacal, auraient pu attaquer sans crainte le vieillard-loup qui épouvantait Asak.

Une bête hors d'âge. Ainsi jugèrent les yeux d'Akari lorsque, attiré par les cris de son fils, il s'approcha avec prudence de l'arbre. Il prenait soin de faire face au vent, pour que l'animal ne sente pas son odeur. Quand les buissons bougèrent et que le loup se leva, Akari s'avança, se campa, poussant son cri de chasse. Il avait déposé sur la mousse les branches d'if fraîchement taillées. Pour arme, il ne garda que son épieu, un gros tronçon de chêne mort depuis bien des années, devenu dur comme la pierre, aiguisé et passé au feu.

Le loup se retourna. Akari cria encore, fit un pas en avant, tenant l'épieu à deux mains. Le fauve bondit sur son adversaire. Le chasseur le cueillit en plein bond, lui enfonçant l'épieu sous les côtes. Ce fut un affrontement, pas un vrai combat. Asak dégringolait de son arbre.

«Où est ton épieu? Où est ton arc?» demanda son père.

Le loup se retourna...

Asak ne chercha pas d'excuses. Il mit la main sur sa tête, pour se déclarer en faute.

Or, Akari connaissait le cœur des jeunes hommes. Il savait que les insultes ou les coups ne font que les blesser sans les corriger. Il se mit à rire, à se moquer. La plus vieille femme du village hud, déclara-t-il, aurait mis en fuite ce loup en agitant une peau de lapin. Il était plus vieux que le Père Fleuve lui-même. Il n'avait plus la force de marcher. Peut-être voulait-il seulement lécher les pieds d'Asak, le courageux escaladeur de pins ?

Le garçon, comme l'espérait son père, releva l'insulte. Il frappa ses mains l'une contre l'autre, jetant ainsi un défi à son insulteur. Bataille, homme contre homme !

Le combat contre Asak ne fut pas plus acharné que celui qui coûta sa vie au loup. Akari évita l'assaut furieux de son fils, et le frappa des deux bras dans le dos. Le garçon s'écroula, le souffle coupé. Selon la loi des Hudi, son vainqueur pouvait le mettre à mort. Mais qui tuerait un fils assez fier pour défier son père ? Akari releva Asak. Il se remit à rire. Ses yeux étaient gais. Déconfit, le garçon regarda ces yeux, puis le loup, montra le pin du doigt, et rit à son tour.

« Akari, grand chasseur, dit-il. Asak, petit chasseur. »

Ils ramassèrent le bois d'if, les éclats de silex, les très solides lianes qu'Akari avait coupées pour fabriquer les cordes des arcs.

Quand ils furent partis vers la lisière de la forêt, une tête émergea des buissons. Un long museau gris rayé de jaune. Suivi par ses trois compagnons de harde, le maître chacal s'approcha du loup avec précaution. Ayant constaté qu'il était bien mort, il s'assit et poussa un cri que les autres reprirent. Tous quatre festoyèrent longtemps, dévorant la vieille bête morte.

★

Si Akar était devenu Akari, montrant par son nom ainsi modifié que les Hudi le tenaient pour chef, ce n'était pas seulement pour sa force. Certes, aucun homme du village ne pouvait l'affronter en combat armé, ni à mains nues. Personne ne l'égalait comme tireur à l'arc, comme lanceur de pierres. Pourtant, sa qualité la plus admirée restait la prévoyance. Le Sorcier connaissait beaucoup de choses sur le Soleil, la Lune, les Signes Favorables et les Interdits. Akari était capable non seulement de distribuer les tâches du jour, mais de prévoir sagement l'inévitable. Ainsi, quand chacun se prélassait dans les douceurs de la belle saison, le chef pensait à l'époque suivante, qui amènerait le grand vent glacé et gèlerait à mort les imprévoyants.

Si son père n'avait pas survécu, Asak aurait-il travaillé aussi dur, cet été-là ? Il en doutait, tandis qu'il charriait des pierres et du bois, abattait et dépouillait plus de lapins qu'il n'en fallait pour manger. Le pire, c'était de préparer les peaux. Les racler et les mâcher lui-même, voilà qui le révoltait particulièrement. Cette besogne ingrate appartenait aux femmes et aux enfants.

Patiemment, dans la rude langue des Hudi, composée à la fois de mots et de gestes, son père daigna lui expliquer la nécessité de leurs tâches. Il parla de l'hiver qui viendrait, des précautions à prendre à cet égard. Bientôt, il changea de territoire de chasse, obligeant Asak à poser ses pièges loin de leur abri, pour ne pas dépeupler les terriers de leur prairie.

Asak ne protestait qu'au fond de lui-même, trouvant parfois exagérés les ordres de son père. Ainsi, pourquoi travailler longuement le silex, alors qu'on pouvait utiliser les éclats déjà tranchants ? Akari fut inflexible. Sous sa direction, le garçon fabriqua plusieurs petits burins, des grattoirs, de larges lames qui allaient en rétrécissant pour qu'on puisse prendre l'autre extrémité dans la main.

Ces travaux intervinrent lorsque le chef, après beaucoup de marches harassantes, eut découvert l'endroit approprié pour l'établissement d'un logis permanent. Ce fut en amont de la colline centrale de l'île qu'il trouva ce qui convenait. Le sol en pente, absolument infertile et nu à cet endroit, s'élevait jusqu'à une petite grotte percée dans le flanc même de la falaise. Une petite grotte, qui ne se prolongeait pas sous terre. L'un des Interdits les plus absolus empêchait les hommes d'habiter les cavernes. Les contes des femmes assuraient qu'un ancien peuple y demeurait. La malédiction du Soleil l'avait exterminé : le Soleil ne voulait pas que les hommes s'enterrent loin de lui.

La grotte mesurait six pas de profondeur, douze de large. Sans désemparer, Akari entreprit de creuser le foyer, de l'approvisionner par des corvées de bois quotidiennes, de commencer les réserves de peaux. Bientôt, il trouva qu'il était temps de s'armer sérieusement. D'où l'expédition pour trouver du bois d'if, et la mésaventure d'Asak avec le loup gris.

En cette occasion donc, le garçon eut l'opportunité d'affronter son père : cela lui donna encore plus de respect pour le grand chasseur. C'est d'un cœur plus léger qu'il transporta jusqu'à la grotte les branches et les pierres qui serviraient à construire une hutte spacieuse, dont la grotte constituerait le fond.

Ce fut un rude labeur. Les fondations étaient de pierre et de bois mêlés. Le toit long, à forte pente, constitué par des fagots, devait être soutenu par des appuis solides. Akari et son fils utilisèrent de jeunes arbres morts. Durant ce travail, le garçon apprécia son père, qui lui avait conseillé de se munir d'abord d'outils efficaces. Un peu plus tôt, quand il limait interminablement le milieu d'un éclat de silex pour en tirer deux burins, quand il façonnait une lame-de-poing pendant des journées entières dans la suffocante chaleur, Asak grognait. Appliqué à la tâche, il comprit une fois encore qu'Akari était sage. Les burins, les grattoirs, les lames-de-poing permettaient d'accomplir l'ouvrage vite et bien.

La hutte fut terminée dans la seconde partie de l'été, celle où les nuages éclatent et où la pluie tombe souvent et fort. L'averse la plus forte ne parvenait pas à traverser les fagots du toit. Un foyer intérieur creusé dans le sol, étayé par des pierres, conservait la braise. Une partie de la grotte restait réservée au bois à brûler. Un trou dans le toit évacuait la fumée. Un autre, un peu plus bas, permettait de surveiller toute la pente de terre aride qui montait jusqu'à la hutte.

Le jour où le plus fort des orages fut passé, où les torrents de pluie cessèrent de ruisseler sans pénétrer dans leur maison, Asak se sentit plein de joie. Fini le temps des dures corvées, des transports de vieux arbres qu'il fallait traîner au moyen de lianes. Fini de monter la pente en pliant sous le poids de grosses pierres. Il faudrait certes retourner au monticule de silex pour fabriquer de nouveaux outils. Mais de là, on pouvait gagner le ruisseau à truites et s'y ébattre. La nouvelle habitation, pour sa part, avait été placée là à cause non seulement de la grotte, mais d'une source toute proche, que l'été ne tarissait pas. On trouvait alentour d'innombrables et succulents escargots.

Pour un premier jour de vrai repos, Asak resta seul. L'automne commençait déjà par endroits à jaunir les feuilles de la forêt. Akari partit dès l'aurore avec son grand arc neuf. Il ne donna pas d'ordres, indiquant seulement qu'il partait dans la direction du nouveau soleil, et rentrerait avant la nuit.

« Pas dormir ! dit seulement le père avant de s'en aller. Peut-être un très très vieux loup gris viendra ! Alors, monte dans les arbres ! »

Cette plaisanterie, souvent répétée, les faisait rire, mais rappelait à Asak les méfaits de l'imprudence. Il ne s'aventurait plus jamais à la légère dans les bois. Il ne se déplaçait jamais sans son arc d'if, à peine moins grand que celui de son père.

Les pièges avaient été relevés la veille, une grosse cueillette de fruits sauvages et de baies effectuée. Asak se trouvait donc, pour une journée délicieuse, libre et maître de son temps. Son seul devoir était de garder la maison.

Comme un homme ne peut rester inoccupé, le jeune Hud commença par raviver le feu dans le foyer situé hors de la maison. Il y mit à cuire un oiseau. Cela l'amena tout naturellement à tailler ensuite une flèche à oiseau, à l'extrémité bombée. A l'aide d'un burin, il affina sur toute sa longueur une branche verte, sauf d'un côté. Ce bout-là, il le façonna en forme de petite massue. La flèche à oiseau était terminée. Il ne s'agissait plus que de la mettre à sécher. En faire une autre ? Il en avait déjà de bonnes réserves, et retrouvait presque toujours les flèches tombées.

Il examina avec satisfaction le trou qu'il avait creusé dans une grosse pierre tendre

Asak se mit à frotter les deux bâtons...

pour l'usage éventuel de bâtons-à-feu. Certes, on ne manquait ni de silex ni de pierre rouge, mais il fallait prévoir l'imprévisible, et se trouver toujours prêt à faire du feu autrement.

Asak décida justement de s'entraîner à cela. Il prit deux bâtons bien secs, une poignée de mousse et des brindilles. Dans la pierre creusée, il plaça l'extrémité des deux bâtons, pour les caler, et se mit à les frotter rapidement l'un contre l'autre, en travers, non loin de la mousse. Cela demandait un coup de main spécial, mais les femmes enseignaient cet art indispensable aux petits enfants. Cela prenait plus de temps que de taper le silex sur la pierre rouge. Pourtant, l'expérience apprenait qu'il faut sans cesse répéter les gestes utiles, pour les faire vite et bien en cas de besoin.

La mousse fuma. Les brindilles s'enflammèrent. Asak grogna de plaisir. Il rangea les bâtons. L'oiseau était cuit. Le garçon mangea, puis s'en alla boire à la source.

Il avait gardé pour la fin ce qui servait à le distraire durant les jours du travail le plus dur. En cette journée de repos, il allait pouvoir prolonger longtemps ce plaisir qui l'enchantait : s'amuser des *tol*, des chacals. Le rayé et sa harde s'étaient installés quelque part dans les herbes, au bas de la terre stérile, sous la maison. Tous les jours, Asak prenait les os et les déchets des animaux mangés par lui et son père, et les portait au même endroit, à trente pas des herbes, sur une dalle de pierre. Au début, les chacals attendaient la nuit pour venir les manger, bien que la dalle fût éloignée du gîte des hommes. Peu à peu, ils s'étaient enhardis. Une fois mise en place la nourriture à leur intention, ils attendaient un long moment. Asak remontait vers la hutte. Ils guettaient, invisibles. Enfin le gris rayé sortait, puis l'autre mâle, enfin les deux femelles. Ils dévoraient. La grande joie d'Asak était de pousser un grand cri tandis qu'ils se régalaient :

« *Ea, tol !* »

Aussitôt, ils déguerpissaient, attendaient à nouveau, bien cachés, puis réapparaissaient et finissaient leur repas. D'abord, Akari protesta contre ce jeu. Est-ce qu'un homme joue avec des chacals ? Mais un soir, il considéra son fils endormi, et la pitié le saisit. Ce pauvre garçon ne pouvait courir, se battre ni chasser avec des compagnons, comme ceux de son âge. Il travaillait dur, obéissait bien. Puisque seuls les chacals l'amusaient, pourquoi le priver de ce plaisir ?

Ayant déjeuné, Asak descendit la pente. Il portait les restes de son oiseau, de celui qu'avait mangé son père avant de partir, et quelques os qu'il avait mis de côté la veille. Il plaça toute cette nourriture à l'endroit habituel, et remonta vers la hutte sans se presser. Il savourait d'avance le spectacle. Il laisserait les chacals approcher, commencer à manger, puis leur ferait peur en criant. Asak en riait d'avance. Il trouvait drôles ces bêtes-là. Le dégoût qu'ils inspiraient à la plupart l'étonnait. Les *tol* étaient lâches. Bon. Mais leur demandait-on de devenir les égaux des bêtes de proie? Un oiseau vole, un loup attaque, un chacal fuit. C'est la manière des choses.

Asak s'assit devant la hutte. Il faisait chaud, mais les nuages commençaient à rechercher la bataille, là-haut.

« *Oa, tol !* murmura le jeune Hud. Sortez, venez. *Oa !* »

Ils sortirent des herbes, le rayé toujours devant. Non pas en rampant, mais en marchant comme si les os de leur dos avaient été mous, l'échine basse. Désormais, ils s'habituaient à être nourris chaque jour par ces étranges visiteurs qui tuaient les lapins et les oiseaux, se régalaient d'escargots, négligeaient le meilleur du gibier abattu : les tripes et les os ! Invisibles, le gris rayé, le borgne et leurs compagnes avaient assisté à l'édification de la hutte, au charroi des arbres et des pierres. Tout cela restait pour eux complètement incompréhensible. Ils comprirent pourtant que cette hutte serait la tanière des nouveaux venus. Du coup, la harde des chacals s'établit à son tour non loin de là, dans un refuge à plusieurs issues, sous les racines d'un énorme chêne mort. Le coin était sûr. Les seuls voisins à ménager, renards et blaireaux, n'intéressaient pas les chacals et les laissaient tranquilles.

Parfois, les habitants de la hutte s'en allaient, ensemble ou séparément, vers la dangereuse forêt. Le rayé et ses compagnons, dans ces cas-là, les suivaient presque toujours. Ils avaient eu tôt fait de comprendre que ces êtres allaient à la chasse. Quand ils tuaient des proies qui ne leur convenaient pas, ils les abandonnaient sur place. Ainsi advint-il du loup gris très vieux, qui fournit deux jours de festin à la harde.

La plupart du temps, les chacals attendaient que le plus petit des étrangers vînt déposer quelque pitance sur la dalle de pierre. Il y manquait rarement. Il s'éloignait ensuite. Pourtant, il regardait de loin, poussait parfois un cri effrayant, qui faisait fuir. Après cela, immobile, il les regardait se repaître. Le plus grand, lui, ne prêtait aux chacals aucune attention. De toutes façons, la compagnie de ces étrangers était bénéfique pour la harde, bien moins dangereuse que celle des chasseurs à quatre pattes, loups ou lynx, et même renards.

Ce jour-là, Asak remonta vers la hutte après avoir déposé ses offrandes sur la dalle, et attendit plus longtemps qu'à l'ordinaire.

Les chacals tardaient. Pour finir, il n'en vint que trois. La femelle brune manquait. En considérant de loin l'autre femelle, la beige, Asak comprit : elle était grosse, le ventre plein de petits prêts à naître. Celle qui manquait devait avoir accouché dans quelque repaire.

Soudain, le jeune Hud se sentit tout excité par l'idée d'un jeu nouveau. Il allait chercher le terrier des chacals. Non pour les tuer, ni leur nuire, mais pour regarder la femelle brune allaitant ses petits. Il avait vu ainsi plusieurs fois une biche donnant à téter à son faon. Il avait trouvé morte une louve auprès de laquelle trois petits gisaient, privés aussi de vie. A cette occasion — Asak était encore enfant — les femmes lui avaient expliqué que toutes les bêtes ne se nourrissent, après leur naissance, que du lait de leur mère. Quand la mère meurt, l'enfant succombe aussi.

« Et si la brune était morte ? » se demanda Asak.

Confusément, cela le tracassait. Il attendit que les trois autres chacals aient mangé, et suivit leur piste quand ils s'en allèrent. Pister les animaux est un art que tout enfant hud apprend dès son jeune âge.

La coulée empruntée chaque jour par les chacals tournait court à certain endroit, et se dirigeait vers un abattis d'arbres, sans doute foudroyés depuis longtemps. Asak repéra sans peine l'endroit approximatif du terrier : les racines saillantes de ce chêne, là-bas. Il s'en approcha avec prudence, l'épieu brandi par habitude.

Soudain, un chœur de grognements le cloua sur place. Entre les racines du chêne, le gris rayé, le borgne et la beige l'affrontaient, montrant les dents. Asak connaissait ce comportement : les animaux les plus lâches défendent leurs petits. On entendait en effet, derrière les chacals prêts à se battre, les piaillements de nouveau-nés.

« Braves *tol* ! dit Asak. Pas lâches ! Bons défenseurs ! »

Pour toute réponse, le rayé se ramassa comme pour bondir. Vexé, le jeune Hud faillit lui envoyer une pierre. Il songea ensuite qu'il était dans son tort, et s'en alla, non sans être resté là un instant, par dignité. Ces bestioles ne devaient pas croire qu'elles l'effrayaient. Leur attitude hostile le peinait. Ne leur faisait-il pas du bien chaque jour en les nourrissant ? Ne pouvaient-ils comprendre qu'il venait en paix ?

« Crevez, *tol* ! dit-il en partant. Je ne vous donnerai plus jamais rien ! »

En rentrant à la hutte, Asak se sentait triste, sans bien savoir pourquoi. Pour que cette visite manquée ne soit pas du temps perdu, il ramassa quelques œufs d'oiseau, des escargots, des baies rouges. Il les rangea dans la poche de feuilles qu'il portait autour de la taille, à cet effet : son panier à provisions. Les femmes savaient tresser les lianes et coudre les feuilles. Akari et Asak, ignorant la manière de s'y prendre, s'en tiraient de leur mieux pour les imiter à peu près.

★

Akari rentra avant la tombée du jour. Il semblait joyeux. Depuis près d'un mois, il battait les fourrés le long de la forêt, sans pousser plus loin. Le lynx avait été repéré et chassé à coups de pierre. Outre leurs arcs, les Hudi se servaient de frondes efficacement. Ce que cherchait Akari, c'était la trace des cerfs. Il y en avait, sur la Terre-de-l'Eau. Bien souvent, les chasseurs, de l'autre côté du Père Fleuve, les avaient vus folâtrer ou boire en famille. Avec envie, car sur le territoire hud cerfs et biches se faisaient rares.

Akari rentrait content, parce qu'il avait trouvé une passée de cerf. Soucieux tout de même, car un concert terrible était venu de loin à ses oreilles : les hurlements de loups à la curée. Décidément, cette forêt présentait pour deux hommes seuls de terribles dangers. En mangeant, il fit part à son fils de ses projets : faire avant l'hiver tout le tour de l'île, avec la prudence qu'il faut. Tous deux apprendraient, par l'odeur et les pistes, le gîte ordinaire du grand gibier, nécessaire pour les provisions de longue durée, par grand froid. Ils sauraient aussi où chassaient les loups, combien ils étaient. Leur imposer respect serait nécessaire, sans y risquer la vie. Ils partiraient dans quelques jours, dit-il.

Pendant le repas du soir, Akari remarqua que son fils, d'abord joyeux à l'idée d'une expédition de chasse, redevenait souvent soucieux. Il le questionna.

Asak raconta son équipée chez les chacals. Il fit l'éloge de leur courage à défendre les petits. Mais pourquoi l'avoir menacé, lui, en montrant les dents ? Il les nourrissait aussi bien que des vieillards hudi pouvaient souhaiter de l'être !

Akari hocha la tête et expliqua. Les hommes et les chacals vivaient les uns près des autres en s'ignorant. Chaque bête reconnaissait la puissance de l'homme, et devait le respecter. L'homme, en retour, ne violait pas le territoire des espèces inoffensives. Il laissait les mères chacals mettre bas sans intervenir. Les mâles avaient eu raison de montrer les dents. Asak avait enfreint les coutumes.

« Mais Asak allait en ami ! » répondit le garçon.

Son père secoua la tête. Il allait répondre qu'aucune amitié ne pouvait exister avec les animaux. Comme il était avisé, il réfléchit avant de parler, et médita un moment. La solitude de son fils lui apparut. Il mesura ses paroles.

« Chacals jamais amis, dit-il. Voisins. Joue avec eux. Donne-leur de la nourriture. Ne t'approche plus de leur nid. »

Asak fit signe qu'il avait compris. A sa grande joie, Akari déclara que dès le lendemain, ils s'entraîneraient pour la longue marche. On verrait si le jeune homme était un homme ! Arc, fronde, épieu en main, il referait ses preuves.

« Asak, homme ! » déclara fièrement le garçon.

Avant de se coucher, il alla déposer deux lapins non dépouillés sur la dalle plate.

« *Tol !* cria-t-il vers les herbes. Akari a parlé. Asak vous nourrira encore ! »

Le lendemain, le gibier avait disparu. Les chacals n'étaient donc pas fâchés, conclut naïvement le jeune Hud.

Dans sa vanité, il croyait être l'un des meilleurs du village, puisque aucun de ceux de son âge ne le surpassait en adresse ni en agilité. Asak oubliait que les hommes faits ne se lancent pas de défis, n'ayant rien à prouver. Il oubliait aussi qu'Akari était devenu chef des Hudi parce que les Anciens le jugeaient supérieur aux autres dans tous les domaines. L'entraînement de chasse fut d'abord pénible pour l'amour-propre d'Asak. Comment pourrait-il égaler son père ?

Il se consola bientôt en comprenant que ce dernier n'essayait pas de l'humilier, mais de le perfectionner. Patiemment, il montrait comment placer exactement les doigts sur le bois de l'arc, comment tirer sur la flèche et en mesurer la portée. Adroit à la fronde, Asak dut apprendre à se servir de pierres plus lourdes que celles qui conviennent à la petite chasse.

Avec un orgueil qu'il ne montrait pas, Akari sut que son fils serait digne de lui.

Il l'entraînait aussi à l'épieu. Pour cela, il le munit d'une branche feuillue :

« Akari est le loup ! dit-il. Toi, tu le tues. La branche, c'est ton épieu. »

Au début, « le loup » évita toujours la branche et sauta sur le chasseur dépité. Beaucoup de flèches et de pierres, par ailleurs, passèrent à côté des cibles. Mais enfin Asak visa juste à toutes les distances, lâcha l'une des brides de la fronde à l'instant qu'il fallait pour que la pierre touche son but. Enfin, son épieu de feuilles frappa « le loup » au ventre à chaque assaut.

Akari sut que son fils serait digne de lui.

Alors, le chef mit ses deux mains sur les épaules d'Asak, et tous deux furent satisfaits.

Ils partirent le lendemain, ayant entouré de pierres le bas de la hutte, pour la préserver des rôdeurs. Après leur départ, le chacal rayé se montra, prit le vent. Il était inquiet. La femelle qui allaitait ne pouvait suivre les étrangers, ni la harde se diviser. Pour finir, le rayé décida de rester sur place et d'attendre. Si les étrangers ne revenaient pas, on partirait à leur recherche quand les petits auraient grandi.

Chapitre 4

La patte de l'ours

Quand les Hudi partaient en expédition de chasse ou de reconnaissance, il y avait palabre entre les hommes, sous la direction des Anciens. Chacun pouvait parler avant le chef. Abal et ses deux fils ne s'en faisaient pas faute. Leurs paroles se trouvaient souvent contredites par les décisions finales, qui appartenaient à Akari. Chacun savait au village qu'ils en concevaient de la haine. A plusieurs reprises, le sage Sorcier tenta de mettre en garde le père d'Asak. Celui-ci soufflait de mépris : « Abal, Aban, Abac, plus de force que de raison ! » Ils grognaient, mais finissaient par obéir. Cela jusqu'au jour où, reniant la loi, ils s'étaient unis pour tuer leur chef, et jeter son fils dans le fleuve.

Akari s'était baissé pour échapper aux flèches. Il avait sauté lui-même de la falaise. Cela valait mieux que la mort, puisqu'il avait pu gagner la Terre-de-l'Eau, retrouver Asak, recommencer la vie.

Le chef exilé pensait à cela en murant la hutte. Pas de palabre, cette fois, pas de contradicteurs. Pas d'amis non plus, de frères chasseurs : seulement le jeune Asak, qui n'avait plus personne avec qui courir et jouer, qui en était réduit à s'intéresser aux animaux vils.

Akari eut de la pitié dans son cœur. A la première halte, il expliqua au garçon la nécessité de ce voyage. Ils marchaient depuis la naissance du soleil, qui se trouvait maintenant au-dessus de leur tête. Jusqu'à la nuit, ils suivraient le rivage, et chercheraient un abri. Le lendemain, ils exploreraient toute la côte opposée à la terre des Hudi. Ensuite, ils reviendraient en suivant l'autre rive. Par sécurité, ils s'éloigneraient du Père Fleuve le moins possible. Ils pousseraient pourtant des reconnaissances vers l'intérieur, en assurant leur sécurité. Selon Akari, le voyage durerait quatre ou cinq soleils.

« Pourquoi voyager ? demanda Asak. La hutte, bonne. Beaucoup de lapins et d'oiseaux. J'ai raclé et mâché beaucoup de peaux, si le froid revient. »

Ainsi parlent les fous et les jeunes gens.

Akari expliqua que la Terre-de-l'Eau serait désormais leur territoire. Un Hud doit connaître à fond son territoire, ce qu'il comporte d'agréments et de dangers, le nombre et le gîte des bêtes sauvages qui l'habitent. Sur le bord du grand fleuve, le territoire des Hudi comprenait la colline et sa falaise, la prairie et la forêt qui les prolongeaient. Ils en visitaient souvent les lieux les plus éloignés, pour se tenir au courant de ce qu'il s'y passait. Si les loups devenaient trop nombreux, le village entier partait à la chasse au loup. Si des moutons sauvages arrivaient du territoire des Étrangers, il fallait les tuer avant que les carnassiers ne s'en chargent.

Les yeux d'Asak brillaient en évoquant ce gibier-là. Il n'avait jamais vu de mouton sauvage vivant. Les chasseurs en ramenaient rarement, et le village alors chantait de joie. Nulle chair n'était plus abondante, plus savoureuse. Nulle peau aussi douce, aussi chaude l'hiver.

Il demanda s'il y avait des moutons sauvages sur la Terre-de-l'Eau. Akari, en chef sage, déclara que c'était possible. Du coup, Asak oubliait sa fatigue. Il voulait repartir tout de suite.

« Si le loup attaque, répondit son père, un chasseur fatigué est un chasseur mort. Toujours garder des jambes pour courir. »

Le garçon apprenait ainsi d'utiles préceptes à chaque instant, depuis qu'il était seul avec son père. Au village, on n'instruit que les enfants. Les hommes suivent leurs aînés, obéissent aux ordres, et connaissent ce qui est bon ou mauvais peu à peu, par expérience. Dans cette solitude, Akari devait transmettre à son fils tout ce qu'il savait, pour en tirer le plus grand appui possible. Il ne savait guère enseigner, et les Hudi ne questionnent pas. La nécessité poussait l'un et l'autre à communiquer plus qu'il n'est d'usage.

Le soir, ils atteignirent une anse du fleuve, une crique d'eau calme entourée de rochers éboulés. Akari choisit l'un d'eux comme refuge pour la nuit. Il aurait dû aller poser les pièges et laisser Asak allumer le feu, mais fit le contraire. Conscient de l'importance qu'on lui donnait ainsi, le jeune Hud se frappa la poitrine du poing.

« Pièges-liane ! précisa le père.

— Asak est un homme ! répondit le fils. Il sait que les chasseurs font des pièges-liane !

— Attention au vieux loup gris ! » repartit Akari en éclatant de ce rire qui déconcerte les animaux.

Asak s'en fut, humilié. La plaisanterie au sujet du loup gris le suivrait pendant des années. Les Hudi aimaient à se moquer ainsi les uns des autres. C'était un peuple gai. Les Gens du Fleuve, seuls Étrangers amicaux, ignoraient le rire et les plaisanteries. En posant son premier piège, Asak se demandait s'ils rencontreraient le Peuple du Fleuve, pendant le voyage. Ce serait merveilleux : ceux-là pourraient leur faire traverser l'Eau Folle, retrouver le village.

Le garçon secoua la tête. Durant toute sa vie, il n'avait vu les Gens du Fleuve que deux fois. Ils passaient, descendaient le courant. Que viendraient-ils faire sur la Terre-de-l'Eau, quand le village ami se trouvait sur la berge d'en face ?

Tout en songeant, Asak préparait le piège-liane. Il fallait d'abord repérer une coulée de lapins. Ensuite, y placer l'extrémité d'une liane formant nœud coulant. L'autre bout de la liane était fixé au faîte d'un jeune arbre flexible. On tendait très fort le lien, obligeant l'arbre à se courber. Pour l'empêcher de se redresser, on devait assurer une pierre contre le nœud. Quand un lapin se prenait le cou dans le collet, il se débattait. La pierre roulait, l'arbre se relevait. L'animal se trouvait ainsi pendu à bonne hauteur, à l'abri des carnassiers nocturnes.

Ayant placé sa pierre comme il convenait, avec juste assez de pression pour garder l'arbre fléchi, Asak entendit un léger bruit derrière son dos. Un simple frisson d'herbe froissée. Il ne l'aurait pas perçu avant l'entraînement de chasse que son père lui avait fait subir. Mais désormais, sa vigilance ne se relâchait plus, même en terrain reconnu. Dans le temps d'un battement de paupières, le garçon roula sur le sol, fit face au bruit, l'épieu dressé.

« Bonne oreille, bon chasseur ! dit Akari en émergeant des herbes... Bon piège-liane ! » conclut-il avant de tourner les talons pour revenir vers le feu.

Il était content. Moins cependant qu'Asak, heureux d'un compliment si rare, débordant de fierté. Quand il eut posé cinq pièges, il rentra au campement. Un feu en demi-cercle le défendait. Une odeur de poisson. Son père avait pêché. Un autre fumet salé, reconnaissable entre tous, qui le fit courir.

Des coquillages ! Son père avait trouvé ce régal sous les berges. Il y avait aussi des truites, et des escargots qui bavaient sur la braise.

« Voyager, c'est bon ! » dit Asak après avoir mangé le dernier escargot.

Avant d'aller se coucher sur le rocher, il déposa les arêtes de poisson au-delà du feu. Le matin suivant, elles y étaient encore. Akari surprit le regard d'Asak.

« Plus de chacals ! dit-il. Trop lâches pour nous suivre. Ils ont à manger.

— Ils chassent !

— Ils chassent dans les pièges-pierre que tu as posés pour eux ! » répondit Akari, feignant la colère avant de rire une fois de plus.

Les pièges-pierre servent à prendre les animaux d'une autre façon que les pièges-liane. On fait d'abord, avec quatre cailloux plats, une sorte de cage. A l'intérieur, on met un appât. En équilibre sur la pierre qui forme le toit, un autre caillou relié par un lien à l'appât lui-même. Sitôt qu'un lapin ou un oiseau entre pour manger la friandise, il fait basculer le caillou lié, qui l'assomme ou l'enferme.

« Combien de pièges-pierre posés pour les chacals, avant de partir ? demanda Akari. Combien, croyant que je dormais ? »

Piteusement, Asak montra les doigts d'une de ses mains. Cinq pièges-pierre. Bien peu de chose à piller après leur départ, pour le gris rayé et sa harde.

« Aucun homme n'est ami des chacals ! » répéta Akari.

Cependant, sa voix manquait de sévérité. Il faut passer des fantaisies à un jeune chasseur solitaire. D'ailleurs, retrouveraient-ils seulement les chacals en rentrant à la hutte ? Ces mangeurs de viande pourrie abandonnent les villages déserts, les campements vides.

Le ciel rougissait. Un autre soleil allait naître.

« *Oa*, marcher ! » dit Akari.

★

Le voyage fut plus long qu'Asak ne l'aurait cru. Son père en effet ne se contentait pas de suivre la côte. Il poussait chaque matin une reconnaissance dans l'intérieur.

« Mauvaise forêt ! dit-il après plusieurs explorations prudentes. Grosses épines sans chemins. »

Le sous-bois, presque partout, se trouvait envahi par des buissons pourvus d'épines acérées. Akari expliqua que cela était bon, car les bêtes féroces n'y pouvaient courir. Cela était mauvais aussi, car cerfs et moutons sauvages se trouvaient devant la même impossibilité.

« Peut-être pas de loups ni de cerfs ! s'écria imprudemment le garçon.

— Peut-être le Père Soleil a déposé le vieux loup gris seulement pour Asak ! Peut-être les chasseurs hudi ont menti, quand ils ont vu des cerfs boire dans l'Eau Folle. Moi aussi, je les ai vus. »

Asak comprit qu'une fois de plus il avait parlé trop vite. Il allait répondre une phrase d'excuse quand un grondement retentit dans un arbre au-dessus de sa tête. Un véritable cri de colère qui lui fit très peur. Cependant, il se jeta par terre instantanément, l'épieu dressé.

La scène qui suivit se déroula si vite que le

jeune Hud en resta stupéfait. Un lynx s'était laissé choir à la place qu'Asak venait de quitter. A peine retombait-il sur ses pattes que son grognement de guerre se transformait en hurlement de douleur. Une flèche d'Akari venait de lui percer le flanc.

« Toi, tire une autre flèche dans son cou ! » ordonna le chef.

Asak obéit. Le grand chat sauvage cessa de se débattre, et mourut.

« Deux chasseurs à la file, commenta Akari, c'est bon. Le premier fait face avec l'épieu. Le second garde son arc prêt.

— Akari est le meilleur tireur parmi les Hudi ! » s'exclama fièrement Asak.

Il s'attendait à ce qu'on lui ordonne de dépouiller le lynx mort et de préparer sa peau. Cela ne l'enchantait pas : un travail long et pénible. A sa grande surprise, Akari n'en fit rien.

« Marcher, dit-il. Marcher toute la Terre-de-l'Eau ! »

Le garçon faillit dire qu'il était dommage de perdre une peau de lynx. mais il se força au silence. Akari, qui l'observait, comprit cet effort, et hocha la tête.

« Akari a tué la bête, dit-il. Maintenant, il marche devant, et c'est Asak qui tiendra l'arc. »

C'était un grand honneur, une preuve de confiance. Il est vrai qu'Akari revint sur le rivage, se remit à le suivre. En ce lieu découvert, le danger devenait moindre. Asak pourtant, l'arc à la main, une flèche sur la corde, défiait toutes les bêtes de la terre de les attaquer. Il montrerait ainsi à son père que son fils était digne de lui. Il montrerait...

A ce moment de ses réflexions, Asak mit le pied dans un trou de rocher et s'étala par terre. Son arc et sa flèche tombèrent hors de sa portée. Akari se retourna. Il ne rit pas, bien que le garçon eût pauvre apparence, se relevant, allant chercher son arme en boitillant.

« Akari a tort, dit le chef. Il n'a pas appris à Asak comment doit marcher un chasseur. L'arc prêt, mais les yeux regardent d'abord le sol, pour affermir les pas. »

Il passa la main sur la jambe de son fils, s'assura que le mal n'était pas grand.

« Maintenant, Asak marche devant ! » commanda-t-il.

Le garçon reprit donc sa place d'éclaireur. Il traînait la jambe, très mortifié. C'est ainsi, songeait Akari, que l'homme apprend la manière de survivre. Il est nécessaire de commettre des fautes et de s'en souvenir.

Soudain, Asak se jeta par terre. Akari, ne voyant aucun animal directement menaçant, prépara sa flèche et s'approcha.

Asak tendit le bras vers une étrange masse étalée sur la grève. Il n'avait jamais rien vu

Asak tendit le bras vers une étrange masse étalée sur la grève.

de pareil. Un animal mort ? Endormi ?

« Marcher ! » dit Akari tout excité.

Il ne montrait aucun signe de peur, et se dirigeait d'un pas rapide vers « la chose ». Asak suivait, un peu inquiet. Vue de près, « la chose » ne comportait plus rien d'effrayant : des tronçons d'arbre reliés entre eux par des lianes, recouverts d'une peau très vieille, rongée par le temps. Par gestes et explications, car le langage hud ne comportait pas de mots précis pour désigner cet objet,

Akari en expliqua l'usage et la provenance.

Il s'agissait d'un de ces radeaux dont le Peuple du Fleuve se sert pour descendre le courant. Des troncs solidement réunis, recouverts par une peau de cerf. Ce radeau-là était très vieux. La peau se brisait dès qu'on la touchait, cuite par d'innombrables soleils, amollie par les pluies, durcie par les gelées. Le bois des flotteurs était blanchi, fendillé.

Pourtant le radeau reposait non dans un creux de la rive, mais sur la terre ferme, loin du bord. Cela signifiait que les occupants ne s'étaient pas noyés dans les tourbillons, mais qu'ils avaient débarqué là, sans doute bien des saisons auparavant.

Cette nouvelle enfiévra Asak, qui se mit à gesticuler. Son père le calma d'un geste :

« Très, très vieux ! dit-il. Plus que cet arbre ! »

Asak voyait l'arbre, mais ne comprenait pas bien le mot « vieux ». Vieux, cela voulait dire « les Anciens », ceux qui ont perdu leurs dents et ne chassent plus. Peut-être trouverait-on ces Anciens du Fleuve ? Sans rien dire, il réprouvait Akari de ne pas donner l'ordre de les chercher. Que faisait son père ? Il jetait des branches dans l'eau, le plus loin possible. Le courant ramenait ces morceaux de bois vers la berge. Il comprenait comment le radeau s'était échoué, sous l'effet d'un courant dérivé du fil principal.

« Marcher ! » dit-il.

Avant le soir, ils trouvèrent les occupants du radeau, du moins ce qu'il en restait : des ossements blanchis. Autour d'eux et près d'eux, on pouvait lire leur mort, et ce qui l'avait précédée. Trois squelettes de loups, dont deux percés de flèches. Le troisième gisait contre les ossements d'un des hommes. En se baissant, Akari ramassa un long silex effilé, une arme de poing efficace et redoutable. Elle n'avait pas suffi. Les Gens du Fleuve, ayant tué trois loups, succombèrent ensuite.

« Très, très vieux ! » confirma Akari.

Cette fois, le garçon comprit. Il faut peu de temps pour que toute la viande d'un corps mort soit mangée par les animaux, mais combien de saisons pour que les os deviennent pareils à de la pierre blanche ? Akari retira du corps des loups les flèches toujours droites, longues, dures comme le silex. Il y en avait d'autres près des os humains : deux fois les doigts des deux mains, en tout. Il y avait aussi un arc pas très grand, dont la corde avait pourri. Sa forme était étrange. Il formait deux courbes qui se rejoignaient au milieu. Akari l'éprouva. Il pliait !

Alors le vieux chef leva les bras vers le Père Soleil, et chanta la chanson des morts pour les chasseurs du Fleuve. Il les remercia de leur avoir laissé, en mourant au combat, des armes incomparables.

« Marcher ? » demanda ensuite Asak.

Akari secoua la tête. Il ordonna au garçon de chercher la plus forte liane qu'il pût trouver. Quand Asak eut obéi, son père fixa le lien dans les encoches de l'arc que les pluies ni le soleil n'avaient privé de sa force. Il plaça ensuite sur cette corde une des flèches de bois durci sans pourrir.

« *Oa !* » s'émerveilla Asak.

La flèche s'enfonça en vibrant dans le tronc d'un arbre, à plus de cinquante pas. Si profondément qu'il fallut creuser le tronc pour la dégager. Asak tira à son tour. L'arc était très dur à tendre, mais si léger ! Akari le prit, donna à son fils le long silex taillé qui ressemblait à une feuille.

« Marcher ! » dit-il.

★

Dans la seconde partie du deuxième jour, le paysage changea des deux côtés. Le fleuve devenait plus large, et poussait un courant plus étalé vers la pointe de l'île. De l'autre côté, la forêt changeait d'aspect, faite de ces arbres à feuilles pointues et toujours vertes qui découragent les buissons. Akari avait repris place derrière son fils, l'arc trouvé toujours prêt à tirer. Une simple bande de prairie pierreuse séparait la rive des arbres serrés. Le chef hud, aux aguets, surveillait la lisière de la forêt. Il notait également les traces. Soudain, il tomba en arrêt devant un sentier foulé qui menait à l'eau.

« Loups, dit-il. Les loups ici viennent boire ! »

Asak regarda les traces, et dut convenir à sa grande honte qu'il n'aurait pu lui-même, par la vue ni l'odorat, déterminer l'espèce de ceux qui suivaient le sentier. Mais si Akari disait « loups », il fallait le croire.

La progression imposée par le père d'Asak changea dès lors complètement. Il allait d'abri en abri, de rocher à rocher, examinant avec soin, souvent et longuement, le front du bois de pins. La Terre-de-l'Eau finissait dans un fouillis de pierrailles où l'herbe poussait mal, où se dressaient quelques blocs. Akari, suivi de son apprenti chasseur, allait de l'un à l'autre de ces perchoirs possibles. On levait bien peu de lapins en cet endroit, qui pourtant leur semblait propice. Tout indiquait la présence de dangereuses bêtes de proie.

Les deux Hudi se mirent à remonter l'autre rive, celle qui faisait face à leur village. La forêt recommença, désormais à leur gauche.

« Marcher près de l'eau ! » commanda Akari.

Soudain, un concert de hurlements sauvages déchira le silence. Sans parler, montrant seulement le chemin, Akari sauta dans l'eau tranquille d'un courant dérivé, grimpa comme une mouche sur le grand rocher à moitié immergé. Asak l'eut rejoint en deux bonds. De là, les hommes assistèrent, immobiles, à une terrible scène de chasse.

Un cerf sortait du bois. Adulte, d'après sa ramure. Il courait de son allure rapide et coulée, vers le bord du fleuve, espérant peut-être y trouver refuge. Derrière lui, tout près, quatre loups au galop.

Le plus petit, le plus rapide aussi, dépassa le cerf, l'attaqua par le côté. La bête essaya de faire front, trop tard. Quand elle voulut baisser ses dangereuses cornes, ses bois dentelés, le petit loup lui plantait déjà ses crocs dans la gorge.

Le cerf secoua la tête avec l'énergie d'un bon combattant. Le petit loup fut projeté au loin.

« Asak, regarde ! dit gravement Akari. C'est la chasse et la mort. »

Un second loup se précipita de face vers le cerf, désormais campé, pattes écartées. Les bois fouettèrent l'air devant son museau. Il recula en grondant. Un autre de ses compagnons tenta sa chance, et fut repoussé de la même manière.

Du doigt, Akari montra à son fils le mouvement des carnassiers. Les deux qui restaient faisaient un détour. Tandis que leurs congénères attaquaient le cerf de front, ils se faufilaient entre les pierres derrière l'animal traqué.

« Celui-là, maître loup ! dit le chef en désignant le plus gros, une bête massive de couleur grise et brune. Regarde, Asak. Ni homme ni bête, seuls, ne vaincront plusieurs loups de près. »

Le cerf repoussa une nouvelle attaque, menée par deux assaillants à la fois. Pendant ce temps, le maître loup et son dernier compagnon surgissaient derrière la bête

Le cerf repoussa une nouvelle attaque...

traquée. Ils l'attaquèrent aux pattes. En vain le cerf tenta-t-il de ruer. L'un de ceux qui lui faisaient face passa sous ses bois, le saisit à la gorge. Le quatrième en profita pour saisir une de ses pattes de devant.

Alors, le cerf fit entendre son cri de mort, un brame si déchirant que les entrailles d'Asak se nouèrent. Perdant son sang, les jambes brisées, l'animal tomba. Les loups se précipitaient déjà pour la curée.

« Pas de femelles, dit Akari. Sans doute le temps des petits est venu. »

Le maître loup s'arrêta de mordre le cerf tombé, encore palpitant. Il s'assit, et hurla en direction des bois.

« Les femelles vont laisser les petits et venir manger, continua Akari. Tous mangeront, pendant plusieurs soleils. Nous devons fuir. Sinon la faim nous affaiblira, s'il faut combattre. »

Asak, avec un frisson de peur, vit son père gagner la rive sans faire clapoter l'eau. Il rampa, faisant signe au garçon de le suivre. Fuir ? Fuir au milieu de quatre loups ? Rampant aussi, Asak le rejoignit, épouvanté.

« Prends ta fronde, murmura le chef. Dès que j'aurai lancé ma flèche, jette des pierres. Vite, et beaucoup ! »

Le vent se trouvait favorable aux Hudi. Par ailleurs, occupés à festoyer, les loups ne se tenaient plus sur leurs gardes. Alors, Asak put voir un spectacle qu'il n'oublierait jamais, qui démontrait l'empire de l'homme sur la terre des animaux. Akari se mit debout, nu, exposé. Il engagea une flèche dans l'arc à double courbure des Gens du Fleuve : la plus droite et la plus dure des flèches.

« C'est trop loin, se dit Asak. Trop loin. »

La flèche vola, se trouva soudain plantée dans la gorge du maître loup. Le hurlement d'appel de la bête se transforma en gargouillis. Déjà, Asak saisissait sa fronde : deux brides nouées à un talon de peau. Il engageait une pierre, faisait tournoyer l'arme et lâchait l'une des brides. La pierre jaillissait, aussitôt remplacée par une autre. Un tir trop court pour atteindre les loups. Mais ces derniers regardaient mourir leur chef. Ils prirent peur à ce bruit répété, peur devant ces hurlements de bêtes inconnues, à l'odeur fade, qui tuaient de loin et jetaient des pierres. Ils s'enfuirent vers les bois, les oreilles couchées.

« Maintenant, courir longtemps ! » dit Akari.

Ils coururent si bien qu'Asak croyait que sa poitrine allait éclater. Enfin, Akari gravit un escarpement infranchissable pour toute bête à quatre pattes. Il inspecta les lieux, tout juste propices à une halte.

« Les loups ne pensent plus qu'au cerf, dit-il. Ils connaissent l'homme, maintenant, et ses armes. Tant qu'ils n'auront pas faim, ils ne nous traqueront pas. »

Les deux hommes reprenaient leur souffle, étiraient leurs muscles fatigués. Ils gagnèrent le bord de l'escarpement.

Au-dessous d'eux s'étendait la prairie clairsemée. Trois animaux s'y montraient, à demi cachés dans la pierraille.

« Des chacals, s'écria Asak. Des chacals ! »

Akari acquiesça de la tête. Une petite famille de *tol*, plus maigres que la harde du gris rayé.

« Ils attendent que les loups partent, expliqua le chef. Plusieurs soleils et plusieurs nuits. Ensuite, ils rongeront les os qui resteront.

— Akari a tué le maître loup ! s'écria Asak. Tué d'une flèche, plus loin que flèche peut aller. Akari, maître chasseur, le plus grand de tous les hommes ! »

Ce devait être à peu près l'avis du chef hud. Son fils l'écouta entonner le chant de victoire, offrir sa victime au Père Soleil et au Père Fleuve. Il le fit d'une voix retentissante, et conclut :

« La voix porte loin avec le vent. Les loups ont peur, et attendent la nuit pour manger le cerf. Nous, marcher longtemps, pour qu'ils nous oublient. »

Asak avait à peine repris ses forces. Pourquoi marcher de nouveau, si les loups ne devaient pas revenir ? Mais on ne discute pas les ordres du chef. Il se leva péniblement. Akari, comprenant sa lassitude et appréciant son obéissance, expliqua doucement :

« Pas d'eau ici, pas de nourriture. Il faut cueillir en marchant, prendre du gibier peut-être, boire beaucoup. Trouver un abri pour dormir longtemps. »

Ils redescendirent donc vers le rivage et le suivirent jusqu'au crépuscule, dans le tumulte de l'Eau Folle. Ils cueillaient des fruits sauvages et des baies rouges, en faisaient provision dans leurs poches de ceinture. Akari montra à son fils un gros oiseau posé, lui prêta l'arc à deux courbes. Asak transperça l'oiseau.

« Asak, bon œil de chasseur ! » approuva le chef.

Pour dormir, ils montèrent sur un entablement, l'escaladèrent à grand-peine. Ils accédèrent à une large plate-forme où poussaient quelques arbres. Le bois mort abondait. Une mince corniche qui prolongeait cet abri retint l'attention du chef. Impraticable. Pas de surprise à craindre.

« Les Hudi sont là-bas ! dit Akari en montrant la rive opposée. Allume un grand feu, qu'ils verront. Aucun homme n'existait sur la Terre-de-l'Eau. Les Hudi sauront que c'est nous. »

Asak trouvait cette démonstration tout à

fait inutile, puisque jamais ils ne passeraient l'Eau Folle dans l'autre sens, et ne reverraient plus le village hud. Cependant, il fit un feu à hautes flammes. Les ombres des deux hommes se découpaient derrière eux, agrandies et dansantes. Le guetteur de la tribu les verrait sûrement. Peut-être Abal et ses fils auraient peur des hommes qui n'étaient pas morts.

« Akari est le plus grand chasseur ! hurla Asak dans le vent. Il a tué le maître loup d'une seule flèche, plus loin que flèche peut aller ! »

Au matin, le garçon trouva en s'éveillant son père debout. Il examinait la corniche partant de leur lieu de repos, et en reniflait le prolongement.

« Grosse bête, pas loin, dit-il. Odeur inconnue, mais gros gibier sauvage. J'y vais. Toi, redescends sur le rivage. »

Asak obéit. Une grosse bête, sur une corniche à peine large d'une main ? Il devait se souvenir que son père était infaillible, pour ne pas mettre en doute sa parole. Il redescendit près de l'Eau Folle, et se mit à étancher sa soif.

Une horrible clameur le fit sursauter, courir à ses armes. Akari avait longé la corniche jusqu'à une autre plate-forme. Le soleil levant y montrait une caverne. Devant celle-ci, Akari luttait contre une bête aussi

Akari luttait contre l'ours au corps à corps.

grosse que lui, au pelage brun, dressée sur ses pattes de derrière.

« Un ours ! » s'écria Asak.

Il n'en avait jamais vu lui-même, mais les récits de chasse en étaient pleins. Des animaux paisibles d'apparence, mais qui pouvaient devenir féroces si on les dérangeait.

Or, Akari luttait contre l'ours au corps à corps. Surpris dans son sommeil et sur son territoire, l'ours se battait. D'un coup de patte, il ouvrit l'épaule du chef hud. Celui-ci, se voyant inférieur, courut vers le bord de la plate-forme. Il prit le temps, nota Asak, de remettre son silex-poignard à la ceinture. Il jeta son arc dans le vide, et commença à descendre le rocher à pic.

L'entreprise n'était pas impossible. Il semblait y avoir de bonnes prises pour les mains et les pieds. Asak, un peu rassuré, entreprit d'écarter les buissons pour rejoindre son père.

Un grand bruit de chute et de pierres éboulées lui fit hâter le pas. Il se déchirait la peau aux branches, trébuchait au milieu des pierres.

Akari gisait sur le sol, haletant. Dans sa chute, il s'était donné une entorse à la cheville. Cela n'était rien, comparé à la blessure de son épaule. Les griffes de l'ours avaient entaillé les chairs jusqu'à l'os. Du sang coulait en abondance.

« Les ours, dit Akari. Deux ours ! Akari imprudent, aveugle, sans nez, mauvais chasseur ! »

Asak, retenant ses larmes, l'aida à se relever. En regagnant la berge, il cueillit des poignées de feuilles que son père appliqua sur sa blessure. Le sang coulait moins fort, et bientôt ne fit que suinter.

« Marcher, dit le chef. Toujours marcher. Il nous faut rejoindre la hutte. Asak est le chef, maintenant. »

Ils marchèrent donc toute la journée. Akari se traînait, appuyé sur une branche, sautillant sur son pied malade. Le soir venu, ils parvinrent au confluent du ruisseau où le garçon s'était réfugié, en sortant de l'Eau Folle.

Akari pouvait à peine avancer. Les idées brouillées par la souffrance, il prenait son fils pour le Sorcier, dénonçait l'acte criminel d'Abal et de ses fils.

« Marcher ! » répétait Asak à son tour.

Il dut presque porter son père pour l'amener au milieu du ruisseau. Il l'y coucha, à demi immergé. Quand les feuilles furent ôtées de la plaie, celle-ci parut moins terrible au garçon. La chair bourgeonnait déjà au fond de la blessure. Mais quand il y versa de l'eau pour la rafraîchir, Akari perdit connaissance.

Chapitre 5

Le départ d'Akari

Akari gémissait, couché sur son lit de feuilles. Son corps était brûlant. Les plaies profondes, causées par la griffe des ours, se boursouflaient. Autour d'elles, la chair commençait à noircir.

Asak avait très peur. Au début, quand son père gardait encore la force de se mouvoir, il alla cueillir lui-même certaines longues feuilles plates, dont l'application est recommandée en pareil cas. Akari refusait toute nourriture et buvait énormément.

Les pluies d'automne avaient recommencé. Cela voulait dire que le froid ne tarderait pas. Asak entretint donc un feu continu, et fit sécher du bois à l'intérieur de la hutte.

L'état d'Akari, après avoir subitement

empiré, sembla rester stationnaire. Il sortait souvent de sa prostration, et donnait alors à son fils des conseils utiles.

« Tu dois construire une seconde hutte près de la nôtre. Y empiler du bois mort sous un toit de fagots. Les murs, fais-les avec des pierres empilées. Laisse une petite ouverture, du côté où la pluie ne va pas. »

Asak mit trois jours à fabriquer la resserre. Toujours d'après les ordres du malade, il fuma de la viande sur des feux étouffés, en fit provision.

« Quand je guérirai, disait Akari, nous irons tuer un cerf dans le bois des loups. Nous fumerons la viande, ou la ferons sécher. Quand vient le froid, les hommes et les animaux ont faim, la chasse est difficile. »

Le garçon, écoutant ces longues phrases de mots et de gestes, pensait que la tête d'Akari devenait faible. Le plus jeune des Hudi sait tout de l'hiver, de ses rigueurs, des précautions qu'il faut prendre pour le supporter. Il raclait, mâchait et préparait autant de peaux de lapin qu'il le pouvait, afin de fabriquer des couvertures et des pièces de fourrure pour couvrir leurs corps.

Depuis donc qu'ils étaient revenus de leur voyage, Asak travaillait dur toute la journée. Pas un instant pour flâner. De plus, la chasse, la préparation de la viande et des peaux, mais surtout la construction de la hutte à bois le fatiguaient beaucoup. Dès la tombée du jour, il se jetait sur sa couche de feuilles et s'endormait, épuisé.

Asak était triste. D'abord, à cause de la blessure et de la fièvre de son père. Ensuite, parce que ses amis chacals n'avaient pas reparu. Dès le premier soir, le feu allumé, il déposa des déchets à l'endroit où ils venaient les chercher d'ordinaire. Il les retrouva intacts le matin suivant. Cela l'inquiéta. Il osa en parler à Akari, malgré la maladie du chef et ses souffrances. Celui-ci ne se mit pas en colère. Il avait fini par admettre que son fils prît plaisir à s'amuser des *tol*, puisqu'il ne pouvait se distraire autrement.

« Les chacals, dit-il, vont où se trouvent les chasseurs. Nous partis, ceux-là ont cherché d'autres nourrisseurs. »

Puis, comme il voyait la tristesse dans les yeux de son fils, Akari ajouta :

« Continue à mettre les os derrière le feu, la nuit. D'autres chacals viendront. Il en vient toujours. »

Asak aurait voulu expliquer que les *tol* en général ne l'intéressaient pas. Qu'il s'était attaché au gris rayé, au borgne, à la brune et à la beige. Pourtant, il n'osa pas le dire. Cela l'aurait fait mépriser, comme indigne d'un homme.

Un matin, en s'éveillant, le garçon trouva

son père debout. Il attisait le foyer de braise, et y mettait à rôtir les oiseaux qu'Asak avait tués la veille.

« Akari guéri ! » s'écria-t-il tout joyeux.

Le chef esquissa un sourire sans joie. Il s'assit, et défit le paquet de feuilles qui recouvraient sa plaie. Une puanteur insupportable s'en dégageait. Maintenant, la chair était noire autour des griffures, une écume blanchâtre en suintait. Guéri ? Cela n'avait jamais été pire, au contraire.

« Pas bien, commenta le chef. Mais Asak doit partir, et Akari veiller. Asak doit aller ramasser des baies, beaucoup, beaucoup. Pour les faire sécher. Marcher ! »

Asak s'en alla donc en quête de baies, qu'il apportait dans des poches de feuilles. Bientôt, les buissons proches de la hutte furent dépouillés. Les fruits d'ailleurs y étaient rares, car le chef et son fils en avaient déjà cueilli la plupart. Il fallait donc s'éloigner en quête d'autres arbustes. Akari avait raison d'ordonner la cueillette : la saison des fruits finissait, les baies commençaient à se flétrir.

Quand il eut ramassé sur les branches et par terre les derniers fruits proches de la hutte, Asak s'arma donc pour partir plus loin.

« Prends l'arc des Gens du Fleuve, dit son père. Des flèches anciennes, avec tes flèches-à-oiseaux, et celles pour les lapins.

Si tu vois un gros gibier, essaie de l'abattre. »

Le mot «*abattre*», en langage hud, était celui que préféraient les chasseurs : un grognement, accompagné d'un geste vif de la main droite : «frapper, détruire».

«*Oa*, dit Asak. Peut-être un mouton sauvage ? »

Le chef secoua la tête tristement. Nulle part, sur la Terre-de-l'Eau, ils n'avaient trouvé trace de ce gibier succulent à la riche fourrure.

«Asak ira dans la tanière des chacals ! » déclara Akari, hochant la tête.

Ce n'était pas une question, mais une affirmation. Le garçon fut à la fois embarrassé et fier de son père, qui savait si bien deviner. Il avait en effet l'intention de jeter un coup d'œil au gîte de la harde *tol*. Ne méritait-il pas cette distraction, après cinq soleils de travail ininterrompu ?

«Asak aller ! dit Akari. S'il est bon chasseur, il reniflera leur piste, et saura où ils sont partis ! »

Il rit, et riait encore quand son fils quitta la hutte, armé en chasse, muni de poches de feuilles pour la cueillette.

Asak marcha donc jusqu'à la tanière où, pour la dernière fois, il avait vu la brune au milieu des petits qu'elle venait de mettre bas. Il s'approcha lentement, imitant avec la bouche le cri des chacals. C'était bien inutile, car le vent soufflait dans son dos. S'ils étaient là, ils le sentiraient de loin.

Rien ne bougeait. Asak renonça aux précautions, et vint examiner le repaire de ses protégés, entre les racines du vieil arbre.

L'odeur l'assaillit d'abord. La même odeur qui émanait de la blessure d'Akari, en plus écœurant : celle de la chair en décomposition. Sur le sol, dans la petite caverne, se trouvait le cadavre de la brune, à peine reconnaissable à des lambeaux de peau. Les petits rongeurs de la prairie l'avaient dévorée presque entièrement. On voyait aussi les pitoyables traces des trois petits, morts avec elle. Le reste de la harde avait disparu.

Asak marcha pour chercher des arbustes à baies, comme son devoir le commandait. Il en fit un grand tas, qu'il transporterait en plusieurs voyages. Cependant, son esprit travaillait, plein de chagrin et de colère. Qui avait pu tuer la brune et sa portée, chasser les autres ? Certainement pas cette vermine qui la dévorait maintenant. Qui d'autre ? Tout en s'activant, Asak se promettait d'en avoir le cœur net.

Quand le tas de baies fut assez gros, le garçon revint à la tanière des chacals. Il renifla leur odeur alentour. Le temps et surtout la pluie la rendaient à peine perceptible, au fur et à mesure qu'il s'écartait de leur gîte. Ce fut par chance qu'il découvrit, non loin de là, les traces d'un combat qui expliquait le désastre.

Oui, les chacals avaient combattu, malgré leur lâcheté légendaire. C'était donc qu'on les avait attaqués, acculés entre ces deux rochers. Ils s'étaient défendus. Des traces de sang, des touffes de poils englués en témoignaient. Asak identifia, au moyen de ces vestiges, l'identité de l'ennemi : des renards.

Les Hudi connaissaient bien les renards, et ne leur réservaient pas le mépris tolérant qu'ils accordaient aux chacals. Les renards, animaux cruels et sournois, chassaient en couple et tuaient pour le plaisir. Cette particularité les rendait odieux aux yeux des chasseurs. Le père renard débusquait un gibier et se mettait à sa poursuite. Il le rabattait jusqu'à l'endroit où se cachait sa femelle. Celle-ci interceptait au passage l'animal affolé, que le mâle attaquait à son tour par-derrière. Jusque-là, simple ruse tout à fait admissible, et même digne d'approbation.

Pourtant, les renards ne chassaient pas seulement pour manger. Ils surprenaient au gîte les lapins cachés dans les arbres creux, ne montrant qu'un œil par un trou du tronc. « *Œil de lapin* », chez les Hudi, était une façon de désigner un enfant qui se croit malin, et dont chacun peut deviner l'astuce.

Le couple de renards traquait les lapins terrés, les saignait sur place, les abandonnait sans les manger. Tuer sans faim mérite le mépris.

Parfois, les renards s'entendaient entre eux pour expulser de leur territoire les animaux qui les gênaient : voilà sans doute ce qui s'était passé avec les chacals, trop bien pourvus par les hommes. Car les renards aussi rôdaient autour du village, détruisant les pièges, volant les provisions de viande séchée ou fumée. On disait même que, durant les hivers rudes, ils étaient capables de s'en prendre aux enfants imprudents.

Ils avaient tué la brune sans défense, saigné sur place ses petits, pour rien, par méchanceté pure. Quant au gris rayé et aux deux compagnons qui lui restaient, ils les avaient contraints à s'enfuir, vaincus, peut-être blessés à mort. La colère flambait dans la tête du garçon :

« Asak tuera tous les renards ! cria-t-il vers la prairie. Tous les renards seront mes ennemis ! »

La vengeance pourtant devrait être remise. La journée s'avançait. Aucun gibier d'importance ne s'était montré. Asak entreprit donc de rapporter jusqu'à la hutte un premier chargement de baies.

« *Oa, tol !* » dit-il.

Son cœur était triste comme le jour où

était mort Rek, son meilleur compagnon de jeux, quand il n'était pas encore un homme. En marchant, il faisait des projets. Il demanderait la permission à Akari de partir à la chasse aux renards. Leurs peaux sont plus intéressantes quand vient l'hiver, car leur fourrure devient alors épaisse. *Ea !* Les renards d'automne sont bons à prendre. La tâche fastidieuse de mâcher leur peau pour la préparer deviendrait un plaisir.

Les bras chargés de ses baies enveloppées dans de larges feuilles, Asak pénétra dans la hutte. Son père n'était pas là. Avait-il eu la force de partir chasser ? Le garçon regretta de l'avoir privé de son arc incomparable, dont il n'avait pas eu l'usage lui-même durant la journée. Peut-être posait-il des pièges ? Comme le ciel devenait rouge, annonçant la mort du soleil, Asak s'inquiéta, et partit à la recherche d'Akari.

Il ne chercha pas bien longtemps. Le chef gisait à moins de cinquante pas de la hutte. Il avait encore dans les mains son arc de noisetier, une flèche-à-oiseaux. Étendu de tout son long, il demeurait inerte.

Asak courut vers son père, le retourna sur le dos, lui parla. Akari n'était pas mort, comme son fils le craignit d'abord. Cependant, il semblait ne valoir guère mieux. Le garçon le traîna jusqu'à la hutte, le tira sur sa couche de feuilles. L'odeur de sa

Le chef gisait à moins de cinquante pas.

blessure devenait insupportable. Il grognait des mots incompréhensibles. Ses yeux ne voyaient rien.

« Akari ! » s'écria le jeune chasseur.

Ce n'était plus Akari, mais un homme en train de mourir. Asak le comprit. Il oublia le malheur des chacals, et remit à plus tard sa haine des renards.

La nuit tomba. Incapable de s'endormir, le

garçon s'accroupit près du corps brûlant et puant de son père. Il se lamentait, frappant ses poings l'un contre l'autre.

Cependant, sa jeunesse et sa fatigue l'emportèrent sur la douleur. Soudain, Asak ouvrit les yeux. Il était toujours accroupi sur ses jambes ankylosées, mais dehors naissait un nouveau soleil. Le chef n'avait pas repris connaissance. Du moins n'avait-il pas appelé. On lisait sur son visage une expression de souffrance. Alors Asak se leva, raviva la braise du foyer, mit un oiseau à cuire. Il revint au chevet du mourant, et reprit ses gémissements d'enfant désespéré.

★

Un soleil se leva, puis un autre, sans que le chef des Hudi retrouve son esprit vital. Durant la journée, Asak s'affairait. Il fit trois voyages pour chercher des baies. L'arrière-saison était belle, la pluie ne tombait plus. Sécher les fruits sur des brindilles, le garçon le faisait encore au village l'année précédente. Ces choses ne s'oublient pas.

Dépouillant les arbustes, Asak allait de plus en plus loin de la hutte. Le second jour, il poussa jusqu'au ruisseau à truites. L'éboulis, la falaise aux insectes le firent soupirer. Il se mit à l'eau, pêcha, mangea et but. Il songeait à sa première rencontre avec la harde des chacals, et comme ils l'avaient fait rire en sautant pour attraper les poissons suspendus. Ils étaient sortis de cet amas de branches.

Ruisselant, Asak s'approcha de ce qui avait dû être le repaire des *tol*. Un sourd grognement s'en échappa. Le garçon rebroussa chemin, prit l'arc à deux courbes, une flèche, et revint au tas de branchages provenant d'un pin tombé. Il essayait de regarder à l'intérieur, sans oser s'approcher trop. Le grognement reprit, qu'il lui sembla bien reconnaître. Tous les chasseurs vous diront que le cri d'un animal sauvage est facile à reconnaître, mais que beaucoup, par colère ou pour menacer, grognent de la même façon.

« *Tol?* demanda Asak. *Tol?* »

L'idée d'une ruse lui vint. S'aventurer dans ce trou noir serait folie. Il pêcha un poisson, le déposa à peu de distance du repaire, et partit se cacher derrière un rocher.

Bientôt, une bête sortit en rampant de l'orifice entre les branches entassées. Asak retint un cri de joie. C'était la femelle beige, l'un de *ses* chacals ! Il se montra, prononça des paroles amicales, se déclarant l'ami des *tol*.

La Beige coucha les oreilles. Mais au lieu de faire prestement demi-tour, avec la vivacité des bêtes de sa race, elle partit en rampant à reculons. Ce comportement sembla incroyable à Asak. La Beige devait être blessée. Pour s'en assurer, il accomplit un acte qui lui aurait valu les reproches d'Akari. Délaissant son arc pour un simple bâton, il s'aventura non dans la tanière, mais dessus. Le sommet du pin tombé, par la force de la chute, avait créé une sorte de monticule, inséré entre de grosses pierres. Prudemment, Asak écarta les branches. Le grondement avait repris.

Quelques branches de plus furent ôtées. Un rayon de soleil éclaira un spectacle pitoyable. Réfugiée au fond de la tanière, la *tol* beige essayait de faire front contre l'envahisseur. Asak remarqua d'abord qu'elle tentait de défendre un petit, un bébé chacal de couleur jaune. Il vit aussi que la Beige semblait paralysée à moitié, traînait ses pattes de derrière, sans aucun doute par suite de la bataille contre les renards.

Asak parla encore, le plus doucement qu'il le put, pour calmer l'animal infirme et épouvanté. Un seul petit ? Les autres étaient sans doute morts. Mais comment survivait la pauvre Beige ? Le Hud remit en place toutes les branches qu'il avait déplacées, et retourna vers son poste de guet. Il attendit longtemps. Enfin apparut une ombre glissante, dont la vue arracha une exclamation de joie à Asak. Le gris rayé ! Une fois chassés de leur territoire près de la hutte des hommes, ils étaient revenus à leur ancien terrier.

Le gris rayé portait dans son museau zébré de jaune une proie pour sa femelle : un tout petit rongeur. Asak songea d'abord à se moquer, tandis que le chacal s'immobilisait, l'ayant senti de loin.

Enfin le rayé bougea, se précipita vers la tanière, abandonnant sa misérable proie. Il se campa courageusement contre l'intrus, et Asak sentit dans sa poitrine une grande tristesse, en même temps que de l'admiration pour les *tol*.

Le gris rayé avait payé cher l'assaut des renards. Sa patte avant droite était coupée. Donc Trois-Pattes — c'est ainsi qu'Asak allait le nommer désormais — Trois-Pattes non seulement survivait sur une terre pleine d'ennemis, mais il apportait à manger à la femelle aux reins brisés.

« *Tol*, dit Asak en se levant à découvert, vous n'êtes pas des animaux vils. Je défierai celui qui me dira le contraire. Vous avez combattu. Chez vous, l'infirme nourrit plus malade que lui. Vous êtes les amis d'Asak. Il le déclare devant le Père Soleil, le Père Fleuve et le Grand Vent. Il vous nourrira ! »

Pour toute réponse, Trois-Pattes grognait avec toute la férocité dont il était capable. Le garçon approuvait ce dérisoire courage. Durant un long moment, il pêcha, puis chassa pour les *tol*. Il déposa non loin du trou dans les branchages six poissons, deux lapins, trois oiseaux. La navrante maigreur des chacals l'avait frappé. Que peut apporter un chasseur boiteux à sa femelle et à son enfant ?

« Je reviendrai, dit-il. Asak vous protégera. *Am, tol !* Mangez ! »

Sur le chemin du retour vers la hutte, le garçon pensa au chacal borgne, qui manquait à l'appel, et conclut qu'il devait être mort. Contre plusieurs ennemis, quelle chance peut avoir un vieux ne possédant qu'un œil ? Cette crainte raisonnable se révéla exacte. Jamais plus Asak ne revit le borgne. Comme la brune et ses petits, il avait succombé.

Asak releva les pièges-pierre et se hâta sur la route du retour. Une joie nouvelle le faisait sourire. Il avait retrouvé *ses* chacals. Il les soignerait, prendrait soin d'eux, leur apporterait mainte et mainte peau de renard, pour qu'ils se sachent vengés. Si Akari...

Soudain, le garçon se sentit coupable. Depuis qu'il avait retrouvé la Beige, son Bébé Jaune et Trois-Pattes, il ne pensait plus à son père mourant. Il pressa le pas, courait presque en arrivant devant la hutte, l'arc au bras, son gibier pendu autour du cou, sa poche de feuilles gonflée de baies mûres.

« Peut-être Akari est mort ! » pensait-il.

Le chef, au contraire, sortit de sa torpeur quand Asak parut. Il regarda le gibier, les baies, étira ses lèvres dans un semblant de sourire. Ses yeux étaient creux. La peau de son visage collait aux os, lui faisant une tête de vieux.

« Asak a trouvé un loup gris ? » demanda-t-il avec effort.

Le jeune Hud s'agenouilla près de son père, lui prit la main, la posa sur son cou.

« Akari a tué le maître loup d'une seule flèche ! » dit-il.

Tandis qu'il ravivait le feu, il conta à son père toute l'histoire des chacals. La bataille, leur fuite, et ce qu'il en était advenu. Akari ne répondait rien. Il respirait avec difficulté.

« Si le soleil revient, conclut Asak, malheur aux renards ! J'ai trouvé plusieurs de leurs pistes. Bonnes peaux pour la saison du froid. »

Akari sourit avec tristesse. Comme tous les Hudi, il craignait chaque jour qu'aucun nouveau soleil ne se lève le lendemain. Mais il savait que lui, cette fois, ne verrait pas la saison froide.

« Asak, écoute, dit-il. Akari va mourir bientôt. Il doit être enseveli selon les Rites. Tu n'oublieras rien. »

Asak ne protesta pas. Il inclina la tête, luttant contre les larmes. Il promit.

« Asak, bon chasseur. Bientôt, il tuera un

cerf. Ensuite, il fabriquera un radeau pareil à ceux des Gens du Fleuve. Alors, il reviendra dans notre village. Il tuera Abal, chassera Aban et Abac. »

Lentement, par phrases brèves, Akari expliqua qu'une peau de cerf était nécessaire pour construire le radeau. Qu'il faudrait éloigner la bête du territoire des loups. Ne jamais défier les loups de près. La prudence, conclut-il, est la force d'un grand chasseur. Lui-même allait mourir parce que, devant l'ours, il avait manqué de prudence.

Akari parla plus longtemps qu'il ne l'avait jamais fait devant Asak, multipliant les conseils. Ensuite, il jugea que tout ce qui pouvait être dit l'avait été.

« Asak, dormir ! » conclut-il.

Ce furent ses dernières paroles. Au matin suivant, sa respiration devint un râle, ce rauquement monotone qui présage une mort prochaine.

★

La mort, chez les Hudi, est entourée de certains rites. S'il s'agit d'un homme et surtout d'un chasseur adulte, le village entier écoute le Sorcier chanter l'hymne funèbre, danser, revêtu de sa peau de loup, la ronde d'offrande à la Nuit et à la Mère Terre-Profonde.

Le corps du défunt, replié sur lui-même pour que les genoux se placent sous le menton, est déposé dans un creux du sol, le visage tourné dans la direction où naît tous les jours le Père Soleil. On comble le creux avec des cailloux, et de grosses pierres sont déposées par-dessus, pour qu'aucun charognard ne profane le cadavre.

Asak savait que préparer une sépulture avant la mort faisait partie des Interdits. Il n'ignorait pas non plus qu'un homme terrassé dans la force de l'âge peut agoniser durant des jours. Akari n'aurait pas aimé voir son fils inactif pendant que lui gisait inutile, ni mort ni vivant. Le garçon ne s'éloignait pas de la hutte, s'occupait à des besognes domestiques. Il s'appliqua à confectionner un harpon avec le poignard, effilé sur tous ses bords, trouvé près des Gens du Fleuve tués par les loups. Il s'y prit à plusieurs fois pour trouver le manche qui convenait : trop lourd, la pointe ne pénètre pas, trop léger, l'arme manque de puissance. Pour finir, il renonça. L'arme n'était pas conçue pour cela. Un vrai harpon doit être fabriqué en bois de cerf.

« Quand mon père sera mort, songeait Asak, j'irai chercher les bois du cerf que les loups ont abattu devant nous. »

Quand il eut formulé cette réflexion, il se demanda s'il était interdit de prévoir cette mort inévitable, si cela portait malheur. Il conclut que non. Il ne savait rien des Mots Favorables, rien de plus du rituel des Sorciers qu'un chasseur n'en doit connaître. S'occuper à d'utiles besognes, faire tout ce qu'Akari lui aurait commandé en temps normal lui paraissait digne d'un homme. Que pouvait-il contre la mort? Il s'abstenait pourtant de s'éloigner, et de commencer sa grande chasse de vengeance contre les renards. Cela le concernait seul. Pour l'instant, Asak décida qu'il devait agir comme si Akari commandait encore.

L'agonie du chef dura deux jours, que le garçon occupa, sans perdre un instant, à renforcer la hutte contre le Grand Vent, à renouveler la provision de lianes, à limer des éclats de silex pour fabriquer de nouveaux outils de petite taille. Chasser au loin, et même retourner à la cueillette, lui semblait indécent. Il pensait souvent à ses amis, le pauvre Trois-Pattes, la malheureuse Beige et son Bébé Jaune. *Oa !* Il leur avait laissé de quoi festoyer. Ils l'attendraient !

Le second matin, après avoir posé puis amorcé des pièges-pierre, et imaginé des traques permettant de saisir un renard vivant, Asak rentra dans la hutte et trouva son père mort. Il le disposa aussitôt dans la posture convenable, les genoux hauts, le visage tourné vers le ciel. Il savait qu'avant peu le corps deviendrait raide, interdisant cette nécessaire disposition.

Asak s'était si bien accoutumé à l'idée de cette mort qu'il n'en ressentit pas tout de suite un chagrin violent et profond. Il s'appliqua avec calme à suivre de son mieux le Rite des funérailles.

La sépulture qu'il choisit était une faille du sol, à deux cents pas environ de la hutte. Assez large, assez profonde pour recevoir un cadavre placé dans la position rituelle, et permettre d'y entasser beaucoup de pierres pour le protéger.

Asak transporta le corps de son père sur le traîneau qui leur servait à déplacer les objets lourds : deux perches de bois réunies par des lianes entrelacées. Leur écartement était de quatre mains. On déposait la chose à transporter dans le berceau de liens solides. On plaçait une extrémité des deux perches sur chaque épaule. Les bouts opposés traînaient par terre. Cet appareil permettait de charrier des pierres ou des troncs que les bras d'homme n'auraient pu porter.

Ainsi fut conduit Akari à son dernier lieu. Asak l'y traîna alors que le corps prenait déjà de la rigidité. Il ne le jeta pas dans la faille, mais l'y fit descendre doucement. Les Hudi ornaient parfois les sépultures de coquillages. Asak en avait rapporté quatre du voyage autour de l'île. Il comptait en tirer des

« Moi Asak, son fils... »

hameçons, pour pêcher quand le froid interdit de se mettre à l'eau. Il en sacrifia deux pour que le corps fût honoré.

Sur le cadavre, Asak disposa d'abord une couche de pierres à peu près plates, puis des graviers et des cailloux, des pierres enfin de plus en plus grosses, qui formèrent un monticule.

Quand toute la besogne fut terminée, Asak eut froid. Était-ce bien le froid qui le faisait ainsi trembler des pieds à la tête ? Il venait d'accomplir avec décision tous les actes nécessaires, sans s'apitoyer sur lui-même, en homme. Soudain, une faiblesse le prenait, un vertige. Il se raidit, gonfla ses muscles.

Il aurait fallu chanter et danser l'hymne des défunts, mais seul le Sorcier le connaissait. Quand un homme mourait loin du village et que les chasseurs l'ensevelissaient, ils remplaçaient l'hymne par une invocation et une promesse au mort. Asak y avait déjà pensé. Il se dressa vers le Soleil.

« *Ici demeure Akari, chef des Hudi*, cria-t-il. *Père Soleil, Mère Terre-Profonde le connaissent. Moi Asak, son fils, je promets de tuer le cerf. Je promets de crier le nom d'Akari devant toutes les bêtes fortes que je vaincrai !* »

La nuit n'était pas loin. Il aurait fallu achever les tâches commencées : polir le grattoir, finir de gratter une peau, durcir quelques flèches...

Asak ne fit rien de tout cela. Il s'assit devant la hutte. La force, la détermination qui le soutenaient depuis le début de l'agonie d'Akari le quittaient. Il s'allongea par terre et pleura longtemps, à gros sanglots.

Deuxième partie

Chapitre 6

Le cri dans la tempête

Le Grand Vent descendait le fleuve en hurlant, apportant le froid. Bientôt, Asak le savait par expérience, la neige tomberait du ciel. En son enfance, le jeune Hud avait appris ce qu'est la neige : les plumes des oiseaux de l'hiver. Ils muent là-haut, au-dessus des nuages, invisibles aux hommes. Selon le Sorcier, il faut invoquer le Père Oiseau dès que tombe le premier flocon blanc. Asak n'y manquerait pas. Il essayait, dans sa solitude, de se conformer toujours aux coutumes du village. Il ne doutait pas de leur sagesse. Akari, le meilleur de tous, avait enfreint les usages en pénétrant dans la caverne de l'ours, et l'ours l'avait tué.

Depuis la mort de son père, le garçon

partageait son temps entre ses tâches et son plaisir. Il chassait du gibier à poil et préparait les peaux de lapin. Il entassait des provisions. La saison des baies terminée, restait à fumer et à sécher de la viande. Telles étaient les tâches nécessaires. Le plaisir consistait à traquer impitoyablement les renards, et à s'occuper des *tol*.

Pour préparer la viande, Asak la découpait en tranches fines, avec la lame-feuille des Gens du Fleuve. Ce merveilleux outil facilitait une opération délicate. Les tranches devaient être disposées sur des pierres brûlantes, jusqu'à devenir sèches sans trop durcir. Elles se conservaient ainsi durant la saison froide.

Les feux étouffés servent à fumer le gibier trop délicat pour être séché. Il suffit de recouvrir de terre un bon foyer. Les branches brûlent alors lentement. Leur cœur devient noir et léger. La fumée de ce bois ainsi transformé imprègne la viande et assure sa conservation. Le procédé peut aussi être employé pour le poisson, convenablement dépouillé de ses entrailles. Aussi Asak rapportait-il des truites du ruisseau, quand il allait nourrir Trois-Pattes, la Beige et Bébé Jaune.

Le travail d'approvisionnement occupait la seconde moitié des journées. La première restait consacrée à la chasse au renard, devenu ennemi à détruire. La haine d'Asak ne désarmait pas. Ils avaient tué la Brune et ses petits, estropié la Beige, transformé le gris rayé, chef de la harde des chacals, en un pauvre Trois-Pattes, incapable de tuer autre chose que des bestioles immondes.

Invariablement, tous les cinq soleils, Asak effectuait le long voyage jusqu'au ruisseau. Il chassait en route, avec l'arc à deux courbes, tout ce qui se présentait à portée de ses flèches. Quand il arrivait près du petit cours d'eau, son échine pliait parfois sous le poids de ses prises.

« *Oa, tol !* » criait-il de loin.

Devant la tanière établie sous le pin tombé, il disposait ses offrandes copieuses. Il riait, heureux de voir que rien ne restait de sa livraison précédente. Chaque fois, Trois-Pattes se campait à l'entrée du terrier, grognant courageusement. Asak ne lui en voulait pas, l'approuvait au contraire de faire son devoir. A plusieurs reprises, il tenta de s'approcher davantage. Proférant des paroles amicales, il faisait quelques pas de trop vers la demeure des chacals. Trois-Pattes redoublait alors ses grognements, leur donnant un ton féroce. Se traînant comme elle le pouvait, la Beige montrait elle aussi son museau aux babines retroussées. Curieux, Bébé Jaune apparaissait derrière elle, vite repoussé à l'intérieur par un coup de dents.

« Les *tol* sont courageux ! s'écriait Asak.

Mais pourquoi ont-ils peur? Asak est leur ami. Sans lui, ils mourraient de faim.»

Ces discours ne changeaient pas en gratitude la méfiance des chacals. Le garçon savait qu'ils appréciaient ses dons, le connaissaient, le toléraient. Il n'ignorait pas non plus qu'ils l'auraient attaqué au péril de leur vie, s'il avait tenté de forcer leur intimité.

Une seule familiarité lui restait permise sans encourir leur colère. Ils le laissaient escalader le fouillis de branchages, regarder dans leur tanière par le toit. Quand il s'y décidait, à la fin de chaque visite, Trois-Pattes prenait la fuite. Il s'était vite accommodé de son infirmité, et courait avec une rapidité incroyable. Ensuite, assis sur le talus, il grognait en direction d'Asak, accroupi sur les branchages.

Le garçon lui lançait des insultes. N'était-il pas leur bienfaiteur? Il avait consolidé leur nid, l'avait couvert de lianes entrelacées et de fagots, pour que la pluie n'y entre pas. Il ne laissait ouvert que ce trou, par lequel il pouvait toujours voir le même spectacle : la Beige qui grognait en montrant les dents, le petit tassé derrière elle.

«Les *tol* sont de mauvais frères! disait le Hud. Asak a tué plus de renards qu'il n'y a de doigts sur les deux mains. Il suit toutes leurs traces et ne les laisse pas en paix.»

Ce discours ne changeait pas l'attitude des

chacals, et Asak s'en allait furieux. Tout ce chemin pour rien, sinon quelques truites! Toute cette guerre aux renards pour ne récolter que l'ingratitude!

En fait, son amitié pour les chacals ne diminuait pas. Ils suivaient leurs coutumes de bêtes sauvages, et qui aurait pu les en blâmer? Bien plus, gagner leur affection devenait chez Asak une idée fixe. Au village, parmi les hommes, il aurait trouvé d'autres sujets de distraction. Mais seul, inactif et sans compagnon, une fois ses devoirs accomplis, il fallait au garçon quelque chose qui ressemble à de l'amitié. D'où cet attachement incongru aux chacals qui l'avaient les premiers accueilli sur la Terre-de-l'Eau.

Pour eux donc, Asak se mit à tuer les renards. Cette chasse fut d'abord facile, une fois trouvés leurs pistes et leurs gîtes. Il suffisait de déposer un lapin blessé sur les coulées des carnassiers, et de se placer à distance de flèche, vent de face.

Le renard ou sa compagne, parfois les deux, sortaient avec précaution de leur trou. Ils respiraient les effluves du voisinage, puis s'aventuraient rapidement, de leur trottinement précis. Asak alors se levait, la flèche engagée. Il en tuait un à coup sûr, parfois les deux, si le terrain s'y prêtait. La rapidité d'Asak avec l'arc des Gens du Fleuve était incomparable. A peine avait-il lâché une flèche qu'une autre sautait dans sa main, se plaçait sur la corde, volait à son tour.

Il tua ainsi cinq renards sans grand effort. Pourtant, cette espèce n'est pas de celles que l'on peut tromper longtemps avec les mêmes ruses. Bientôt, Asak pouvait déposer l'oiseau le plus gras, le lapin le plus appétissant près d'un terrier de renard sans qu'aucun museau pointu daigne se montrer. Le Hud ramassait ses appâts, pour éviter que ces fourbes ne viennent les manger la nuit en se moquant de lui.

Changeant de tactique, Asak prépara des pièges, ce qui lui donna beaucoup de mal pour pas grand-chose. Un renard est bien trop malin pour se laisser prendre à un piège-liane, et va chercher l'appât en démolissant les pièges-pierre. Asak creusa des fosses, qu'il recouvrit de branchages. Il les plaçait de telle façon que l'on fût obligé de passer sur les fragiles branches qui recouvraient le trou pour aller chercher l'appât. Celui-ci fut choisi avec soin. Des lapins dépouillés, des oiseaux plumés, encore chauds, car les renards aiment le sang et dédaignent la charogne.

Asak creusa quatre fosses, utilisant sa lame-de-poing. Cela lui prit du temps. Tous furent efficaces. Les renards pourtant parvinrent à s'évader de trois d'entre eux. Dans le quatrième seulement le garçon trouva un renard vivant, incapable d'escalader les parois du trou en les faisant s'ébouler.

Celui-là, Asak ne le tua pas. Il usa envers lui de clémence ainsi raisonnée : « Si les *tol* me comprennent, les renards me comprennent aussi. Je vais effrayer celui-ci, lui apprendre la leçon de la peur, et le relâcher ensuite, pour qu'il enseigne la nouvelle à son peuple : les renards doivent quitter la prairie, sinon Asak les tuera tous. »

Il dansa autour du piège, hurlant des imprécations. Il jeta des pierres sur la bête terrorisée, lui expliquant ce qu'elle devait déclarer à tous les renards de l'île : « Fuyez la prairie, ou vous mourrez ! »

Faisant cela, Asak n'était pas sûr de bien agir, de suivre les coutumes. Les Hudi en usaient parfois ainsi quand ils capturaient un Étranger sur leur territoire : ils le rendaient fou de peur et le laissaient fuir ensuite, porteur d'un salutaire message pour ses frères de sang.

A la nuit tombante, Asak jeta une grosse branche feuillue dans le trou. Le renard s'évaderait par là, et répéterait l'histoire aux autres.

Le lendemain matin, le trou était vide. Deux soleils plus tard, d'autres renards saccageaient des pièges-pierre posés par Asak loin de sa hutte. Plus fous que les Étrangers, ou plus audacieux, ces tueurs de chacals n'avaient pas compris la leçon. Asak ne se mit pas en colère. Il brandit son arc à la ronde, pour que tous les renards puissent voir cette déclaration de guerre totale.

« *Ea*, dit-il. C'est bon. Vous mourrez tous ! »

Dès lors, il s'en prit aux terriers eux-mêmes, repérant chacune de leurs issues, allumant de grands feux sur leur emplacement. Il ne sut jamais combien il en avait tué ainsi. C'était un acte de cruauté pure, car il ne pouvait alors profiter de leur peau. Il suivit toute piste, dépeuplant avec méthode l'habitat des renards. Bientôt, ils se firent rares. Comme venait l'hiver, et approchait pour les femelles l'époque de concevoir les petits, ils quittèrent tout à fait la prairie.

Asak fut satisfait. A chacun de ses voyages, il donnait des nouvelles aux chacals de sa grande battue. Ils lui répondaient en grognant pour l'éloigner de leur repaire. Au début, le Hud avait apporté, avec le gibier dont il leur faisait don, un cadavre de renard, sacrifiant la fourrure. Le corps de l'ennemi fut dévoré comme s'il s'était agi d'une proie ordinaire, sans que les *tol* changent d'attitude envers Asak. Celui-ci essaya autre chose. Il jeta une peau de renard devant le terrier des *tol*. Un tel concert de hurlements suivit que le Hud, saisissant une longue branche, monta sur le tas de branchages et retira la dépouille.

Les clameurs se turent aussitôt. Trois-Pattes s'enfuit avec sa vitesse habituelle, et s'assit sur le talus, montrant les dents.

« *Tol !* s'écria Asak mécontent. Vous êtes de mauvais chasseurs ! Vous mangez l'ennemi mort, et sa peau vous fait peur ! Asak

Trois-Pattes s'assis sur le talus, montrant les dents.

comprend pourquoi les hommes vous méprisent. »

Il reprit furieux la longue marche du retour. En son cœur, il gardait du ressentiment. Pourquoi continuer à s'occuper de cette engeance ? Il avait assez fait pour eux. Pour *eux seuls* : d'autres chacals étaient sortis du bois, avaient tenté de s'installer non loin de la hutte, pour manger ce qu'il restait des repas de l'homme. Asak les avait chassés. Il n'aimait que cette famille d'animaux stupides et ingrats, au bord du ruisseau.

« Asak n'ira plus au ruisseau ! s'écria-t-il. Les *tol* mourront de faim. »

La colère tomba comme elle était venue. Désormais, Asak garda pour lui les chaudes peaux des renards tués. Il revint au ruisseau comme par le passé, sans que les *tol* adoucissent leur réserve à son égard.

★

La première neige tomba. Asak s'y était préparé dans tous les domaines. Sa réserve de viande suffirait pour une longue période. Il avait d'ailleurs l'intention de l'entamer le moins possible. Sa provision de lianes-pièges, cordes d'arc, liens pour réunir les peaux, pendait dans un coin de la hutte. Le froid, savait-il, rend les végétaux cassants et leurs fibres inutilisables. A cent pas de son refuge se trouvait un énorme tas de bois mort. La pluie et la neige le détremperaient, mais il y avait assez de fagots dans la réserve pour sécher chaque jour le combustible du lendemain. Bâtons-à-feu, pierres-à-étincelles et roche rouge pour en tirer la flamme étaient amassés en abondance. La flamme, le feu, tels sont les défenseurs de l'homme contre neige et glace.

Le problème des vêtements se posa dès les premières sorties de chasse dans le vent froid. Asak ne connaissait pas ces tours que possèdent les femmes pour réunir les peaux entre elles. Son père, hélas ! n'avait pas eu le temps de l'instruire à ce sujet. Il est certain que la tunique que se confectionna Asak avec des peaux de renard et de lapin aurait suscité l'hilarité des malicieux Hudi. Enveloppante, certes. Bien trop ! Sitôt qu'Asak, recouvert de son curieux vêtement, leva l'arc pour viser une belle proie, un pan de peaux mal assemblées lui enveloppa le bras et la main. Le garçon rit d'abord de sa mésaventure, puis grimaça : la flèche était perdue. Il en avait beaucoup, et n'utilisait presque jamais les meilleures, celles des Gens du Fleuve. Mais enfin, le bois d'hiver ne se prêtait guère à en faire d'autres. Asak maudit sa bêtise, et rentra chez lui améliorer ses travaux de couture.

Le résultat ne fut pas parfait, mais lui

laissait toute liberté de mouvements. Pour les chaussures et jambières, il connaissait le principe, en ayant déjà fabriqué au village. Des peaux lacées sur les jambes. Autour des pieds, deux épaisseurs de la rude dépouille d'un blaireau, poil en dehors.

Certes, la vue de ce curieux épouvantail rapiécé de toutes parts avait de quoi faire fuir le gibier. D'autant que, tandis que passaient les jours, ce dernier devenait rare. Certains animaux se cachaient sous terre pour hiverner. Les autres, poussés par la faim, quittaient leur territoire de chasse. Sitôt qu'une neige serrée eut couvert le sol d'une couche blanche, cela faillit coûter la vie au jeune Hud.

Ce matin-là, le soleil brillait dans un ciel débarrassé de ses nuages. Les arbres ployaient sous la neige. Pas le moindre vent. Réconforté par cette accalmie, Asak chanta l'hymne au Père Soleil. Ensuite, il prit son arc de noisetier, et s'en alla, pataugeant dans l'étrange matière froide et crissante qui couvrait le sol. Il but à la source, espérant que l'hiver ne la gèlerait pas. Insouciant, le cœur gai, il releva les pièges-pierre, tout content d'en trouver un garni : un gros oiseau s'y était laissé prendre.

Asak tua l'oiseau, le suspendit à son épaule. L'air sentait bon. Le vêtement rafistolé, les chaussures pataudes remplissaient leur office. On ne sentait pas le froid. Le garçon réamorça le piège, et décida de fouler un sentier en direction de la forêt.

Un sanglier jaillit des fourrés au milieu des arbres morts, à trente pas d'Asak. Contre lui, le Hud n'avait que son arc à lapins, des flèches trop fraîches pour percer un cuir épais. Il mit la main à son côté. Il s'aperçut avec un frisson de peur qu'il avait oublié de prendre son poignard, et même sa fronde.

La scène se déroula en un instant, mais un de ces instants qui paraissent interminables. Le sanglier vit Asak et s'immobilisa. Il hésitait devant cet inconnu, cette bête verticale que son vêtement faisait ressembler à un lapin géant mâtiné de renard.

Allait-il attaquer tout de même ? Les Hudi connaissaient ces cochons sauvages. Ils mangeaient des baies et des racines. On les chassait pour leur chair succulente, leur précieux cuir. En troupeau, ils se montraient craintifs, prompts à fuir. Les solitaires comme celui-ci étaient imprévisibles, chargeant parfois les hommes avec furie.

Asak se souvint des loups que les cris d'Akari avaient effrayés. Bougeant le moins possible pour ne pas inquiéter l'ennemi, il engagea sur son arc insuffisant une flèche pas assez dure, et hurla de toute la force de ses poumons.

Le résultat ne se fit pas attendre. Le sanglier se détourna. Il pénétra dans le sous-bois en trottinant, sans se hâter, pour montrer que ce départ n'était pas une fuite. Poursuivi, il aurait fait front.

Le bruit de branches écrasées sur la neige décrut. Asak reprit son souffle. Il avait à peine trouvé le temps d'avoir peur. Maintenant, il tremblait un peu, et se reprochait son insouciance. Puis il réfléchit, regagnant la hutte. Le sanglier se chassait à plusieurs. Il fallait le traquer, l'amener jusqu'au meilleur chasseur qui sautait sur son dos et lui enfonçait son poignard entre le ventre et la patte de devant. Si la bête arrivait à se débarrasser de l'homme avant que le silex ne lui perce le cœur, le courageux assaillant se trouvait piétiné, éventré par les défenses redoutables. Quel exploit, quel honneur pour celui qui réussissait ! Akari était venu à bout de plusieurs sangliers de cette façon, ce qui grandit sa réputation. Secouant la tête, Asak dit tout haut les paroles que lui aurait adressées son père devant pareille imprudence : s'aventurer dans la neige légèrement armé.

« Petit chasseur ! Mauvais chasseur ! »

Il se promit de ne jamais recommencer. Tout peut arriver à l'improviste quand la neige couvre le sol, et que les animaux perdent leurs pistes ordinaires. Désormais, il faudrait allumer un feu toutes les nuits devant la hutte, pour tenir à distance les rôdeurs dangereux. Éviter aussi de sortir sans l'arc à deux courbes, les flèches dures comme la pierre, le poignard en forme de feuille, la fronde et ses munitions.

Il neigea les deux jours suivants, ce qui interdisait la chasse. Asak en profita pour fabriquer un harpon, taillé au petit burin dans l'un des coquillages qui lui restaient. Il l'emmancha sur un bâton. La pointe crochue servirait à pêcher au ruisseau, trop froid désormais pour qu'on s'y plonge en entier.

Avec un soupir, Asak considéra son arme nouvelle. Le crochet n'était pas fameux. Il manquait au garçon le merveilleux tour de main des bons artisans du village. Tout le monde peut tailler et durcir une flèche. Mais fabriquer des crochets de harpon, des hameçons en os ou en coquillages reste le privilège des meilleurs.

« *Oa !* conclut-il en brandissant le harpon. Asak a fait peur au sanglier, parce qu'il est un homme ! Il pêchera tous les poissons ! »

Content de cette vantardise, le garçon fit un tour dehors. La neige avait cessé. Il faudrait, le lendemain, marcher beaucoup pour aller ravitailler ses amis chacals. Que pouvait chasser Trois-Pattes par ce temps ? Le Hud alluma le grand feu de nuit devant la hutte, raviva la braise du foyer intérieur. Enveloppé dans sa couverture de peaux, il s'étendit sur sa couche d'aiguilles de pin.

« *Oa, tol !* dit-il avant de s'endormir. Demain, vous mangerez ! »

★

En arrivant près du ruisseau après une marche longue et pénible, Asak montrait de la mauvaise humeur. Pendant ce dur voyage, il n'avait vu aucun gibier, inoffensif ou non. Seulement l'étendue blanche, les arbres écrasés sous la neige, un paysage désert. Prévoyant une médiocre chasse, il transportait, outre ses armes, quelques pièces de gibier tué depuis peu. Le souci pourtant ridait son front. Cette promenade prenait la forme d'une expédition. Pourrait-il la renouveler tous les cinq soleils ? L'hiver est long. S'il manquait à sa tâche de nourrisseur, les *tol* mourraient de faim.

Ayant poussé quelques *Oa !* pour annoncer sa venue, il s'approcha du terrier. Les grognements habituels le saluèrent. Il déposa ses offrandes, et tenta d'expliquer aux chacals qu'ils devaient revenir sous le nid de racines, près de la hutte. Certes, il savait bien que les animaux ne comprennent pas le langage des hommes. Cependant, il parla, faisant force gestes, accroupi près des proies que guettait Trois-Pattes. La Beige, étonnée par ces cris, rampa jusqu'à l'ouverture du terrier. Les chacals ne grognaient plus. Ils semblaient résignés à cette démonstration incompréhensible, attendant seulement qu'elle prît fin.

« Les *tol* sont stupides ! cria le garçon dépité. Ils mourront, s'ils restent ici ! »

Il s'en fut près du ruisseau essayer son harpon. La méthode était aussi simple que la pêche à la main, sinon aussi efficace. Il s'agissait d'effrayer de la main gauche une truite cachée sous la pierre. Elle s'enfuyait. Alors l'autre main lançait le harpon non là où le poisson se trouvait, mais à l'endroit qu'il allait traverser. Le succès de cette opération, à laquelle tous les Hudi s'entraînaient, dépendait de la rapidité de l'œil et du lancer.

Au début, le résultat fut pitoyable. Asak manqua coup sur coup trois belles truites. Il les maudit, elles, leurs pères et les pères de leurs pères. Cela le soulagea, mais ne l'avançait guère. Les bruits d'eau, il le savait, effrayaient les autres poissons. Il fallait recommencer plus loin.

Ainsi remonta-t-il le cours d'eau bien au-delà du rocher où il avait failli mourir du venin des insectes. Trois cents pas en amont, il découvrit un petit courant dirigé vers le surplomb de la rive. Asak savait qu'au moins deux truites logeaient sous cet abri, attendant leur nourriture du courant. Il se coucha sur la roche, après avoir dénudé son bras jusqu'à l'épaule. Ainsi put-il capturer à la main deux belles pièces.

Cela le remit de bonne humeur. Il remonta encore le ruisseau, et découvrit qu'un peu plus haut il s'épanouissait en un lac peu profond, dont les bords commençaient à se prendre en glace. Dans l'eau tranquille et peu profonde nageaient de gros poissons à nombreuses arêtes, bien assez bons pour les *tol.* Cette fois, le harpon ramena sa première prise, et deux autres encore avant que les stupides «gros nageurs» n'aient l'idée de se cacher tous.

Alors Asak rit. Il était content. Quittant à regret ses jambières et les peaux qui protégeaient ses pieds, il s'aventura dans l'eau jusqu'aux genoux, au milieu du chenal qui séparait le ruisseau du petit lac. Patiemment, il fit rouler des pierres pour boucher cette issue, par où les «gros nageurs» pouvaient s'échapper vers le courant. Il y travailla longtemps, mais se trouva satisfait du résultat. Bientôt, la glace couvrirait le lac. Mais on pouvait y percer des trous, y faire descendre des lignes et des hameçons appâtés.

Cet épuisant travail terminé, Asak mangea, but, et revint à la tanière des *tol.* Il grimpa sur l'amas de branchages. Trois-Pattes, selon l'habitude, prit la fuite et s'assit sur son talus. Les yeux du Hud, s'étant accoutumés à la demi-obscurité, plongèrent dans le terrier. La maigreur de la Beige et de Bébé Jaune, malgré leur fourrure d'hiver, lui apparut tout de suite. Ils avaient dévoré le gibier offert. Pris de pitié, Asak alla déposer à la place non seulement les « gros nageurs », mais aussi les truites qu'il comptait ramener à la hutte pour varier son menu.

« *Oa, tol !* dit-il. Vous devez partir d'ici ! Revenez à votre nid près de chez l'homme, ou l'hiver vous tuera ! »

Il se campa près du ruisseau, fit à Trois-Pattes de dernières recommandations inutiles. Soudain, il se rendit compte que la journée s'était avancée, qu'il devrait accomplir de nuit une partie de son trajet de retour. Cela ne l'inquiéta qu'à demi. Il avait apporté de quoi faire du feu : silex, pierre rouge, mousse sèche. Il marcherait en portant des branches de pin embrasées, pour prévenir les mauvaises rencontres. Il s'en fut, décidé à courir au lieu de marcher, tant que le jour durerait. Les bosquets de pin à mi-chemin, près de l'amas de pierres-à-étincelles, lui fourniraient des torches.

A peine avait-il parcouru cent pas à la course que le vent se leva d'un coup, en folles bourrasques.

Jamais, durant son existence, Asak n'avait vu de tempête si soudaine. Le Grand Vent soufflait, non cette brise qui se contente de balayer les feuilles. Il poussait devant lui de sombres nuages qui en un instant dévorèrent la fin du jour. Curieusement, ce souffle prodigieux n'était pas très froid. Le garçon ne pouvait plus courir. Il avançait en crabe, prenant soin de ne pas changer de direction.

Soudain, la neige fut là. Elle ne flottait pas doucement entre les nuages et la terre, mais tourbillonnait en tout sens. Ses flocons serrés, comme animés d'une vie propre, assaillaient le marcheur dérouté. Ils lui ôtèrent la vue et presque la respiration, avant qu'Asak ne s'avise de tirer sur son visage un pan de son vêtement. Même ainsi, il était la proie d'une de ces tempêtes de neige qui n'existent plus sous les latitudes tempérées. Les flocons volant de tous côtés, la force du vent le faisaient trébucher.

Au début, son ignorance soutint le Hud. Il avait pris la direction de l'amas de silex, en connaissait bien la route : on passait d'abord entre deux rochers, on traversait une étendue d'arbustes à baies...

La nuit la plus noire avait envahi la Terre-de-l'Eau. Asak progressait courageusement. Passer entre les deux rochers...

Soudain, son cœur se mit à battre précipitamment : *il était déjà passé* entre les rochers. La tempête le faisait tourner en rond, sans qu'il puisse se guider sur le moindre repère. Le tourbillonnement de la

Asak était la proie
d'une de ces tempêtes de neige...

neige le privait du sens de l'orientation.

« *Ea !* » grogna-t-il dans son masque improvisé, en chaude peau de renard. La sagesse commande de ne jamais s'arrêter pendant l'hiver avant d'avoir trouvé un abri. Il suffisait de garder la claire pensée d'un homme. Alors, l'assaut du vent et de la neige en folie ne le dérouterait plus. Les deux rochers étaient là. Il fallait donc marcher sans dévier du côté de la main qui tient la flèche, sans se laisser pousser du côté de la main qui tend l'arc.

Asak prit son cap à droite et avança avec courage contre le vent. Il sourit en trouvant à hauteur de genou les premiers arbres à baies. C'était le bon chemin.

Un long moment plus tard, il se trouva en train de trébucher au milieu d'arbres morts : la lisière de la forêt. Il avait donc complètement perdu sa route. Le vent ne décolérait pas. La neige fine et serrée continuait à voler au hasard, comme si elle ne venait pas d'en haut. Où était le ciel ? Où était le sentier frayé par de fréquents voyages chez les chacals ?

Un troisième essai, une autre marche harassante suivirent. Soudain, Asak crut reconnaître... Découragé, il reconnut effectivement le passage entre les deux rochers, qu'il franchissait cette fois *à l'envers*.

Comme pour se moquer de lui, le vent

hurla de plus belle. Car les sifflements, les grincements, la profonde rumeur du vent ne cessaient pas, semblaient augmenter au contraire. Ce bruit et cette fureur eurent raison du courage d'Asak. Il était perdu. Il allait mourir. Soudain, la fatigue de la journée l'envahit. Le désespoir au cœur, il s'appuya contre l'un des rochers.

Alors, le chacal lança son appel. Du côté de la main qui tient la flèche, loin devant. Tout d'abord, le jeune Hud n'en crut pas ses oreilles. Mais le cri du chacal recommença.

Sans qu'il comprît pourquoi, Asak fut réconforté. Qui l'appelait, pour aller où ? Un *tol*, c'est-à-dire un ami. Où, sinon sur la bonne route ? Égare-t-on ses amis dans la grande tempête ?

Le garçon se remit en route dans la direction du cri. La tourmente de neige ne cédait toujours pas. Asak poursuivait le cri, qui s'éloignait sans cesse tandis qu'il avançait vers lui. Soudain, le marcheur égaré trébucha sur une roche ronde, se blessant au genou. D'autres rochers s'entassaient alentour. L'amas de pierres-à-étincelles ! Le cri du chacal l'avait attiré dans la bonne direction. La moitié du chemin était faite.

« *Oa, oa, tol !* » s'écria Asak enthousiasmé, sentant revenir ses forces.

Soudain, le vent furieux diminua ses assauts. La neige n'allait plus de tous les côtés à la fois mais tombait selon une pente régulière, prévisible, pénétrable.

Le cri du chacal recommença, loin devant. Cette fois, Asak s'y fia aveuglément. La marche redevenait facile. La peur le quittait. Il allait vite, courut même, et ainsi se réchauffa. Certes, le voyage fut long, mais toujours soutenu par cet appel rauque, devant, qui semblait dire : « Avance, chasseur perdu. Avance encore ! »

La longue tempête cessa aussi vite qu'elle avait commencé. L'ultime ruée du vent emportait les derniers nuages. L'un après l'autre, les habitants du ciel ouvrirent leurs yeux d'étoiles. La Mère Lune parut enfin sur l'horizon, presque ronde. Asak marmonna les mots de révérence qu'attend Mère Lune. Il lui expliqua qu'il ne pouvait s'arrêter pour la contempler comme on doit le faire : il était trop fatigué. S'il s'arrêtait, il tomberait.

Le cri du chacal retentit une dernière fois. Avec un rire de joie, Asak reconnut la prairie au bout de laquelle s'élevait sa hutte. Le clair de lune lui montra bientôt les contours de cet abri, qu'il avait un moment désespéré de revoir.

Quand il eut déplacé les pierres et soulevé le tronc qui fermait sa demeure, Asak ne céda pas à son corps, qui lui commandait de se coucher. Il alla chercher des branches mouillées et couvertes de neige sur le tas de bois mort. Avec du combustible sec pris dans la hutte, il y mit le feu. Bientôt, une grande flamme s'éleva. Le cri du chacal s'était tu.

« *Tol !* dit le garçon vers la nuit. Vous avez empêché Asak de mourir dans le Grand Vent et la neige folle ! »

Il rentra dans la demeure, prit tout ce qu'il restait de ses chasses récentes, gibier de poil et de plume. Ce présent fut déposé de l'autre côté du brasier, pour remercier les chacals. C'était un grand sacrifice. Il faudrait, le lendemain, trouver des proies, ou se résoudre à attaquer les provisions de viande conservée. Mais les *tol* l'avaient guidé par leurs cris, reconduit jusqu'à sa hutte alors qu'il ne voyait plus rien, n'entendait que le vent rageur. Ils méritaient ce beau présent.

Asak disposa le bûcher de façon qu'il brûle le plus longtemps possible. Avant de rentrer chez lui et de s'y enfermer, il cria vers la nuit redevenue sereine :

« *Am, tol !* Mangez, chacals. Asak est votre ami ! »

Dépouillant son vêtement trempé, il se glissa sous la chaude couverture de peaux, après avoir ravivé plus que de raison le foyer intérieur. Il voulait avoir chaud, trop chaud. Il voulait dormir, trop dormir. Il voulait...

Quand il émergea du sommeil, un oiseau-pierre chantait. Asak se souleva sur un coude.

La mémoire des événements de la veille lui revenait. La tempête, la neige qui semblait remonter au ciel, la piste perdue, puis retrouvée grâce au guide chacal. Asak, à la hâte, revêtit son vêtement que le feu avait séché. Il sortit dans le beau soleil d'hiver. Le brasier de la nuit finissait de se consumer. De l'autre côté du feu mourant, un tas de gibier, plume et poil, intact.

Les chacals n'avaient pas touché à la nourriture. Asak la reprit, appela longuement ses amis. L'avaient-ils réellement guidé dans la tempête ? Le cri sauveur était-il poussé par Trois-Pattes ? Mais alors, pourquoi n'avait-il pas emporté les lapins et les oiseaux déposés par lui ? Confusément, Asak se souvint d'histoires contées par les femmes. Elles parlaient d'esprits des morts prenant l'apparence et la voix des animaux, pour tromper les hommes, ou au contraire pour les aider.

« C'était Trois-Pattes, le gris rayé jaune ! cria Asak dans le petit vent. Lui seul ! Il n'a pas pris le gibier parce qu'il avait mangé. Parce qu'il devait retourner au ruisseau ! C'est Trois-Pattes qui m'a sauvé. »

Un oiseau noir poussa un cri qui ressemblait à un rire de moquerie. Furieux, Asak se précipita dans la hutte, saisit l'arc de noisetier et les flèches à l'extrémité bombée. Ce matin-là, il tua trois oiseaux, remarquant qu'aucun n'était noir.

Chapitre 7

Toli, et l'adieu de la Beige

Pendant les jours qui suivirent, le temps resta au beau fixe. Un vol d'oiseaux passa et se posa. Plusieurs se laissèrent tenter par les pièges. Cela fournit de la viande fraîche. Le froid venu, la conservation du gibier ne pose aucun problème. Il suffit de le suspendre dehors, une fois préparé. Il devient dur comme une pierre, gelé à cœur.

Armé de pied en cap, le garçon se hasarda au-delà des arbres morts, dans la forêt. Là, l'épieu devient nécessaire, pour le combat de près. Durant les longues soirées à la lueur du feu, Asak s'était fabriqué un épieu dont il attendait beaucoup : pas très long, mais en bois dur, effilé à la lame-feuille jusqu'à devenir pointu comme un burin.

L'occasion de s'en servir se présenta. Les yeux vigilants d'Asak, aventuré sous le couvert, distinguèrent un lynx tapi sur une grosse branche. Une grande excitation s'empara du jeune chasseur. Il allait défier la bête, l'obliger à bondir sur lui, la cueillir au vol d'un coup d'épieu comme Akari l'avait fait du loup gris.

Il s'approcha donc à la distance convenable, et poussa une clameur de défi. L'arc à deux courbes posé à portée de main, il brandissait l'épieu, et sommait le lynx de sauter sur lui. La bête pointa ses grandes oreilles poilues en dedans, découvrit les puissantes griffes de ses pattes. Pour finir, il refusa le combat et s'enfuit lestement parmi les branches. Asak saisit aussitôt son arc, engagea une flèche et tira, dans un seul mouvement coulé.

Une exclamation de dépit lui échappa. Le lynx s'était montré plus rapide que prévu. La flèche restait enfoncée dans le tronc de l'arbre, très haut. Asak n'hésita qu'un instant. Il s'agissait d'une flèche des Gens du Fleuve, irremplaçable.

« Le lynx est un lâche ! » cria-t-il.

Cette prudence de la bête, il l'ignorait, venait peut-être de sauver sa vie à lui. Un lynx, animal d'une rapidité inconcevable, ne serait pas venu s'embrocher sur l'épieu comme un loup gris hors d'âge. Le défier ainsi avait été folie : mais une fois encore, l'audace de l'homme venait de prévaloir contre la force et l'adresse d'un fauve.

Asak mit l'arc à son épaule, s'assura qu'il pouvait facilement tirer son poignard-feuille, et entreprit d'escalader le tronc de l'arbre. Cet exercice lui était familier, et lui rappelait son enfance.

Le garçon s'éleva d'abord à la force des mains et des genoux, puis de branche en branche. Il rencontra deux nids abandonnés. Ayant retiré la flèche du tronc, il la glissa dans l'étui de peau qui contenait les autres. A cette hauteur, il ne voyait rien que des frondaisons de pins, et le sol au-dessous de lui. Le lynx pouvait revenir. Il fallait descendre.

A ce moment, Asak remarqua le trou dans l'arbre, à la saignée d'une grosse branche. Un bouchon de feuilles et de menues branches le fermait. Souriant, Asak déboucha le trou. Il savait ce qu'il allait trouver : une famille d'écureuils endormis pour l'hiver. Il les vit, quatre boules de fourrure sans défense. L'écureuil est bon à manger. Pourtant, le Hud n'avait pas le cœur de les tuer. La viande ne lui manquait pas. Une sorte d'émotion le prenait devant ce sommeil désarmé. Il reboucha le trou avec soin, expliquant aux écureuils inconscients qu'un homme n'est pas un renard, et ne tue que lorsqu'il a faim ou doit nourrir sa famille.

Descendu de son perchoir, il suivit la lisière du bois, l'épieu sous le bras, l'arc prêt. Un lapin d'hiver, caché dans un tronc creux, détala. Une flèche l'abattit. Les lapins ne sont rien, de la viande qui court. Ils n'ont pas le pouvoir d'amuser les enfants en sautant d'une branche à l'autre avec des cris joyeux, comme le font les écureuils. Le lapin serait pour les *tol*.

Un lapin d'hiver...

Asak pensait souvent aux chacals du ruisseau. Personne ne lui ferait croire les histoires des esprits amicaux qui guident les chasseurs perdus. Au fond de son cœur, il restait persuadé que Trois-Pattes, et personne d'autre, lui avait montré la route le soir de la tempête. Malgré les dangers que cela comportait, et dont il venait de faire l'expérience, Asak se promit de rester le pourvoyeur des *tol.* Mais que faire, si quelque autre tempête survenait pendant ces voyages ? Peut-être ne pourrait-il pas s'en sortir chaque fois aussi bien.

Une idée lui vint. Et s'il construisait un abri provisoire près de l'amas de pierres-à-étincelles ? Non pas une vraie hutte, mais une sorte de tanière, qui lui permettrait de survivre aux éléments déchaînés ?

Sa décision fut prise. La prochaine fois, il partirait dès l'aube, nourrirait les *tol*, et se hâterait de revenir à l'entassement de silex. Il s'y aménagerait une cachette, devant laquelle il garderait en abondance du bois pour des feux. Ce projet lui parut plein de sagesse. Il lui tardait que les cinq soleils fussent tombés l'un après l'autre pour le mettre à exécution. En attendant, il amassait pour lui-même et ses amis une quantité de viande, tuée à la lisière du bois. Il préparait le gibier, le mettait à geler sur les fagots constituant le toit de la réserve. Que les renards se risquent à venir le prendre. Ils seraient rudement reçus !

Or, pendant la nuit qui précédait son voyage prévu vers le ruisseau, la tempête recommença, moins violente que la précédente, mais rendant toute marche impossible. Asak ne prit même pas le risque d'aller boire à la source. Il savait que la neige chauffée fournit de l'eau, mais qu'il est dangereux de manger la neige elle-même. Il en fit fondre dans un rocher creusé, près du foyer intérieur de la hutte. Il mangeait le gibier frais, se faisant du souci pour les chacals tandis que le mauvais temps persistait.

La tempête elle-même, avec des déchaînements et des accalmies, dura trois soleils. Mais où étaient les soleils de ces jours-là ? De sombres nuages roulaient bas, poussés par le vent. Parfois, le ciel descendait sur la terre en un épais brouillard. Le brouillard, aussi bien que l'ouragan déchaîné, interdisait au Hud de se mettre en route. Or, pendant une période si longue qu'Asak en perdit le compte, tempête et brume épaisse alternèrent. Il était passé plus de soleils froids que n'en peuvent compter les doigts des deux mains.

Un matin, Asak sortit du sommeil, écouta les bruits, et soupira enfin de satisfaction. Pas un souffle de vent. La lumière qui passait entre les interstices de la hutte indiquait que le brouillard s'était levé.

Le garçon sortit dans le matin gris. La température avait baissé. La tunique de peaux suffisait à peine à combattre un froid pernicieux, humide. Laissant une trace dans la neige amoncelée, Asak s'en alla, l'arc à l'épaule, refaire sa provision de bois. Non sans peine, il alluma un brasier devant la hutte. Aller au ruisseau ? Construire un abri près de la pierre-à-étincelles ? Cela semblait peu raisonnable. Après tant de temps écoulé, il paraissait impossible que les *tol* fussent encore vivants. Qu'avait pu chasser le gris rayé infirme dans la tempête et le brouillard ?

Il fallait prendre une décision grave. Venir en aide aux chacals probablement déjà morts risquait de lui coûter la vie. Mais ne l'avaient-ils pas sauvé — il en restait sûr — en le guidant quand il ne pouvait retrouver sa route ? N'étaient-ils pas ses amis ?

Une fois de plus, Asak ressentait le poids de sa solitude. Au village, en pareil cas, il aurait demandé conseil aux anciens, au Sorcier. Il aurait trouvé un brave pour l'accompagner.

« *Oa, tol !* cria-t-il pour finir, sa décision prise. Asak ira vous secourir comme vous l'avez secouru ! Il partira dès qu'il le pourra. »

La température s'adoucissait, le ciel bas était presque noir. Le Hud commença à rassembler un lot de gibier, à préparer ses armes.

Alors, la neige se remit à tomber. Tranquillement, sans qu'aucun vent ne dérange sa chute, mais en flocons si drus, en nappes si serrées que toute expédition devenait impossible.

Il neigea ainsi jusqu'au soir. Ensuite, le vent se leva. Au-delà des limites du brasier, des congères s'étaient formées. Le grand froid durcissait toute cette masse blanche, mais comment lire ce paysage transformé, y trouver son chemin sans s'égarer ? Le désespoir au cœur, Asak comprit que ses amis chacals étaient irrémédiablement perdus : deux infirmes et un petit qui n'avait sans doute jamais chassé ne pouvaient survivre dans ces conditions.

Tristement, pour dégager les abords enneigés de la hutte, Asak poussa les flammes du foyer, les faisant monter le plus haut possible. Il poussait vers l'horizon blanc des cris dérisoires :

« *Oa, tol !* Venez ! Venez ici. Asak vous nourrira ! »

Il chargeait le feu, il criait, pour nier l'évidence, pour alléger sa peine. Et s'ils avaient survécu tout de même ?

A la fin, il secoua la tête, résigné. Tout homme connaît la mort et sait qu'on ne peut l'éviter. Il jeta dans le feu un dernier tronc à demi séché par la chaleur des flammes, faisant jaillir des étincelles. Manger? Il n'avait pas faim. Il fallait accomplir les tâches du soir : remplir la roche creuse de neige, qui fondrait pour faire de l'eau à boire. Entrer dans la hutte et la refermer avec soin.

Soudain, un gémissement se fit entendre derrière le brasier. A travers les flammes, Asak vit une forme sombre qui rampait dans la neige. Il poussa encore le feu, pour être sûr de ce qu'il voyait...

Trois-Pattes ! A bout de forces, pouvant à peine se traîner, mais vivant. Réprimant un cri de joie, le Hud rentra dans sa demeure, prit un lapin dégelé, entreprit de faire le tour du feu en prononçant des paroles apaisantes.

Les précautions furent inutiles. Pour la première fois, Asak put s'approcher du gris rayé sans qu'il tente de s'enfuir, ni même de grogner. Le garçon déchiqueta la viande, la posa devant lui, alla en chercher d'autre. Quand il revint, Trois-Pattes mangeait avidement. Bientôt, il grogna, puis se campa sur les membres qui lui restaient, à nouveau sur la réserve.

« Trois-Pattes, grand chasseur ! cria Asak de l'autre côté du feu. Trois-Pattes a vécu ! Il est plus fort que la tempête. Il a vaincu la neige. C'est le meilleur des *tol* ! »

Revigoré par son repas, le chacal refusait de se laisser approcher, montrant les crocs.

Asak déposa deux lapins entiers, serrés ensemble par une liane, là où le *tol* avait mangé, et refit le tour du feu.

« Va nourrir les autres ! cria le Hud. Asak viendra bientôt ! »

Il rentra dans la hutte, plein d'allégresse. Trois-Pattes n'était plus Trois-Pattes, mais *tol-i, toli,* le chef des chacals, le meilleur ! Il avait vaincu la mort, découvert le chemin de la hutte au milieu des monceaux de neige, retrouvé son père nourricier, après quelles peines, avec quel courage !

« Asak est l'ami de *toli* ! » déclara le garçon tout joyeux avant de s'endormir.

Le lendemain matin, le ciel était bleu. Le brasier consumé fumait encore. Pas de traces sur la neige dure. Mais Trois-Pattes, le *toli*, avait disparu, emportant les deux lapins liés ensemble. Pourquoi, si les autres étaient morts ? Ils devaient vivre encore, la Beige et Bébé Jaune.

Sur le seuil de la hutte, le cœur plein de joie, Asak chanta l'hymne au Père Soleil qui resplendissait.

★

L'hiver s'écoula, avec des alternances de froid intense et de neige. Désormais, Asak n'avait plus besoin d'imaginer les moyens de se rendre au ruisseau. Tous les cinq soleils, au crépuscule, Trois-Pattes venait chercher sa pitance. Il avait sans doute mesuré à sa façon le temps qui s'écoulait entre deux visites d'Asak, et sa manière de compter valait celle des hommes. *Toli*, comme continuait à l'appeler le Hud, ne manquait au rendez-vous que les jours de forte tempête ou d'épais brouillard. Une fois, Asak n'avait pas osé s'aventurer plus loin que la source, vers laquelle le chemin restait frayé entre deux talus de neige. Hors du sentier gelé, on enfonçait à mi-jambe dans la couche fraîche récemment tombée. Or, c'était un jour de "visite" de Trois-Pattes.

« *Toli* ne pourra venir ! jugea Asak. Si j'enfonce, moi, il disparaîtrait dans le fond de la neige ! »

Or, Trois-Pattes vint quand même, moitié marchant, moitié rampant. Il y gagna de bons morceaux. Sa méthode ne variait pas. Il mangeait d'abord lui-même, et repartait en emportant la nourriture des autres. Bien peu de chose pour cinq soleils. Asak n'osait pas lier ensemble trop de gibier. Comment *toli* aurait-il porté dans sa gueule de gros fardeaux ? Le garçon essayait de lui dire : « *Reviens plus souvent. Reviens tous les jours, si tu peux.* » Trois-Pattes ne changeait rien à ses habitudes. Si le voyage était rendu impossible par le temps, il venait le lendemain ou le surlendemain. Jamais désormais les éléments ne se déchaînèrent plus de trois jours de suite. Asak eut l'occasion de s'inquiéter pour ses protégés, non de désespérer à leur sujet comme il l'avait fait une fois.

A peu près rassuré sur ses amis *tol*, déchargé de la lourde obligation de leur rendre visite, Asak menait une vie tranquille et sédentaire. Il songeait parfois à ce qu'il ferait dans la bonne saison : construire un radeau comme son père l'avait ordonné avant de mourir. Traverser à nouveau l'Eau Folle. Avant cela et pour cela, tuer un cerf dans la partie de l'île où se tenaient les loups. Cette idée n'effrayait pas le Hud, faisait au contraire courir son sang plus vite. Il rêvait de se camper debout devant les loups, l'arc à la main, comme l'avait fait Akari. Non sans s'être ménagé une bonne retraite, par prudence.

Plusieurs fois, il envisagea l'idée de s'en prendre aux ours de la caverne, ceux qui avaient tué son père. Chaque fois, il imaginait un moyen nouveau. Les attaquer de face, tirant flèche sur flèche. Faire rouler des rochers sur eux quand ils sortiraient de leur antre. Il souriait à ces rêves, mais finissait toujours par secouer la tête. Akari avait contrevenu aux défenses formelles du Sorcier, en entrant dans une caverne. Sa misérable mort était inévitable. Les ours n'avaient été que les instruments d'une punition méritée. Les attaquer serait non seulement dangereux, mais injuste. Pour les loups, c'était autre chose. Ce serait un beau combat, avec risque d'y laisser la vie, ce qui est honorable pour un chasseur. Une seule chose contrariait Asak : si les loups le tuaient, ils le dévoreraient. Ses restes n'auraient pas de sépulture convenable. Ainsi en était-il de nombreux chasseurs perdus, dont on retrouvait parfois les os. Que faire contre l'impossible ?

Traînant du bois mort, le débitant, chassant et marchant dans la neige des journées entières, Asak travaillait plus qu'un Hud ordinaire. Il faisait à lui seul le travail des hommes et des femmes, occupé du matin au soir. Sans qu'il s'en aperçût, cela développait ses muscles, le rendait de jour en jour plus fort et plus adroit. Il observait bien, ce qui lui permettait de connaître les habitudes d'hiver des animaux qui restaient dans la prairie enneigée, à la lisière du bois et même sous le couvert. Un jour, il vit un autre sanglier, moins gros que le premier. Asak attendait cette occasion de revanche. Armé cette fois de façon convenable, il marcha sur la bête pour la chasser à la rencontre. L'animal s'enfuit pourtant, effrayé. Le Hud se moqua de lui et pissa sur sa trace. L'autre, ignorant cette injure, disparut dans les fourrés.

Peu à peu, le vent devenait moins froid, les nuits moins longues. Le Père Soleil, toujours renouvelé, se débarrassait de ses peaux de brume et de nuages. La neige commençait à fondre. Des ruisseaux coulaient sur les pentes. L'herbe ancienne, flétrie, apparaissait sur le haut des mamelons. Se chauffer au soleil, vers le milieu du jour, devenait délicieux. Un jour, marchant dans la forêt, Asak entendit des chants d'oiseau. Au pied de l'arbre qu'il avait escaladé pour reprendre sa flèche, l'arbre aux écureuils, Asak vit une fleur, et fut joyeux. Les fleurs n'apparaissent que quand l'hiver s'en va.

La neige fondait de plus en plus. Les ruisseaux qu'elle formait grossissaient. La vie revenait dans la grande prairie. Asak dévorait sans retenue le reste de ses provisions d'hiver. Le temps des belles chasses allait recommencer.

Chaque matin, il bondissait hors de la hutte, heureux sans raison. Il regardait la jeune herbe pointer entre les dernières mottes de neige. Il respirait l'air frais qui sentait la verdure.

« *Oa !* dit-il un soir. Demain, je retournerai au ruisseau ! »

Le lendemain, précisément, n'était pas un jour de visite de *toli*. Il ferait la surprise aux chacals. Il leur apporterait énormément de choses à manger. Pour cela, il lia un gros paquet de gibier conservé. Pourquoi économiser? A nouveau, les pièges se trouvaient pleins chaque matin. La provision de baies avait disparu, mais bientôt viendrait la saison des succulentes racines.

Asak se mit en route, le lourd paquet attaché à l'épaule. Rien ne manquait à son armement. Les flèches trop fraîches à l'automne avaient durci tout l'hiver devant le foyer intérieur de la hutte, maintenues bien droites par des pierres. Il en avait deux bottes de réserve.

En passant près de l'amas de silex, il se souvint de son idée jamais réalisée : y construire un abri. Il s'arrêta, étudia sur place cette possibilité, et se félicita de ne pas avoir été obligé à s'y résoudre. Beaucoup de travail, un résultat incertain. Le lieu se prêtait mal à l'édification d'une cachette efficace. Le bois à brûler? Du pin, qu'il aurait fallu couper sur les arbres. Par chance, l'obstination de Trois-Pattes à braver la mort avait rendu l'entreprise inutile.

Asak entendit de loin gronder le ruisseau, qui avait dégelé. Il courut sitôt qu'il l'aperçut, criant de loin pour s'annoncer. Trois-Pattes n'était pas en vue. Ni sur le talus, ni devant le terrier. Le Hud grimpa sur le tas de branchages où adhérait encore un peu de neige. Il regarda par le trou dans le repaire des chacals.

« *Oa !* » commença-t-il...

La faible lueur qui éclairait le terrier par l'ouverture supérieure lui montra ce qu'il restait de la Beige : une créature visiblement mourante, d'une effrayante maigreur. A peine ouvrit-elle un œil quand il l'appela. Asak fit rapidement le tour du monticule, tira les meilleurs morceaux de son paquet de nourriture, les plaça à l'entrée même du nid. La Beige ne vint pas les prendre. Elle ne pouvait plus se traîner.

Alors, un orage de grognements coléreux retentit derrière Asak. Se retournant, il vit Trois-Pattes, qui venait de déposer le petit rongeur qu'il rapportait, et s'apprêtait à lui sauter dessus. Derrière le *toli*, un chacal jaune. Maigre, mais déjà grand. Bébé Jaune n'était plus un bébé ! Un presque-adulte, aussi furieux que son père contre l'envahisseur.

« *Ea !* cria Asak, honteux de son mouvement de crainte. Vous me mordriez, charognes ! Moi qui vous nourris ! »

Les *tol* couchèrent leurs oreilles et reculèrent devant cette voix menaçante. Bébé Jaune tordit le cou de façon étrange, et laissa pendre sa langue.

« Vieil infirme ! Bébé tordu ! » s'écria Asak en éclatant de rire.

Le bruit insolite de cette gaieté épouvanta le jaune, qui s'enfuit sur le talus. Il y resta immobile, incertain, remuant sa queue aux longs poils.

« Les *tol* sont courageux, dit Asak en répandant sur le sol une partie des bonnes choses qu'il avait apportées. Mais chacun doit connaître ses amis ! »

Ayant dit cela, qui devait être dit, le Hud remonta sur le haut du repaire, où il se savait toléré. Il vit agir *toli*, le Trois-Pattes gris rayé, et n'eut plus envie de rire. Le maître chacal se reput d'abord, selon sa coutume. Il grogna ensuite férocement dans la direction de Bébé Jaune qui s'approchait. Enfin, prenant dans sa gueule de la viande séchée, il entra dans la tanière et nourrit la pauvre Beige qui ne pouvait plus bouger.

Une flaque d'eau au fond du terrier montrait comment la bête survivait, depuis son impotence complète. Elle devait lécher la neige accumulée, afin de calmer sa soif. Mais comment ferait-elle désormais, puisque la dernière neige fondait ? Comment boirait-elle, ne pouvant ramper jusqu'à la sortie de son nid, et encore moins jusqu'au ruisseau comme auparavant ?

Sans se soucier des grondements du *toli*, Asak s'approcha à nouveau de la tanière. Le soleil, à l'aplomb du trou sur le toit, lui permettait de voir clairement la Beige, décharnée, couverte de plaies. Il aperçut une trace humide dans un creux de rocher. Une goutte y tomba : l'ouverture qu'il avait pratiquée pour regarder ses amis par le « toit » avait sans doute sauvé la vie de la paralytique. La neige, puis l'eau venue de la neige étaient tombées par là, formant une flaque où la pauvre bête buvait.

Comme il avançait plus encore, Asak entendit un rauquement de colère tout proche. Il se dégagea. Trois-Pattes, derrière lui, allait lui mordre les talons.

Furieux contre tant d'incompréhension, le Hud jeta une pierre sur le chacal, sans appuyer son coup. Elle le frappa au flanc. Le *toli* se réfugia sur le talus, leva le museau et poussa des hurlements sinistres, le cri de la colère. Asak l'insulta, jeta une autre pierre dans sa direction, pour le garder à distance. Ensuite, il para au plus pressé. Ramassant toute la neige qui stagnait encore par plaques, il la fit tomber dans le terrier par le trou du sommet. Elle allait fondre. La Beige boirait ce jour-là. Il la vit en effet se tourner vers cette masse blanche qui se liquéfiait, en lécher avidement le bord.

Trois-Pattes ne hurlait plus. Bébé Jaune, à ses côtés, penchait toujours la tête en tordant un peu le cou. Asak préleva dans le paquet de nourriture les meilleurs morceaux. Il revint à l'entrée de la tanière, sans se soucier des plaintes lointaines du *toli*. Il avança lentement le bras vers l'intérieur, au risque de se faire mordre. Cette morsure inévitable, il la supporterait ! La Beige devait être nourrie, avoir son meilleur repas depuis des mois.

Par trois fois, Asak enfonça sa main...

Par trois fois, Asak enfonça sa main aussi loin qu'il le put dans la direction du corps pitoyable, entassant près de la Beige la bonne viande. Elle ne le mordit pas. Comme il enfonçait dans l'ouverture une quatrième poignée de nourriture, il sentit sur sa main la caresse d'une langue râpeuse.

Asak retira son bras, pressa son visage contre l'entrée du terrier. La Beige avait compris. Elle l'avait léché, comme les bêtes nettoient mais aussi caressent leurs petits. Le garçon sentait en lui une émotion profonde, un creux sous la poitrine. Il avait à la fois envie de pleurer et de rire. De ses lèvres sortaient les mots de tendresse qu'il croyait oubliés, ceux dont les mères hudi se servent pour les petits enfants. Il promettait à la Beige de la soigner, de la guérir, de rester près d'elle pour la protéger.

Il descendit le ruisseau, et coupa une quantité de bois à brûler. Cette nuit, il la passerait à la belle étoile, près du terrier. Pour se garder du froid vif qui tombait du ciel avec le soir, il ferait un grand feu. Sa tunique de peau le garantirait, et aussi la chaleur des flammes.

Le *toli* et Bébé Jaune ne manifestaient plus d'hostilité. Ils mangeaient gloutonnement ce qu'Asak leur avait prodigué : la moitié de ses provisions. Il déposa le reste contre un rocher élevé, disposa des branches en un demi-cercle dont ce rocher formait le fond. Il dormirait là, adossé au roc, chauffé et défendu par un front de flammes en rond.

Ainsi fut-il fait. Un peu avant la nuit, Asak revint à la tanière. Trois-Pattes s'enfuit sur le talus. Bébé Jaune restait blotti derrière sa mère. Le Hud enfonça encore son bras par l'ouverture du nid, ouvrit sa main qui, cette fois, offrait une truite pêchée un peu plus tôt. Il sentit à nouveau la langue de la Beige lui caresser les doigts.

Asak revint vers le rocher, le cœur débordant de joie. Son dévouement envers les *tol* trouvait enfin sa récompense ! Il alluma le feu en demi-cercle, pour lequel se trouvait entassée une provision de bois à brûler, sec ou résineux. La nuit et le froid ne lui faisaient plus peur. Il gardait pourtant son arc et son poignard-feuille à portée de main.

Il se réveilla à moitié gelé. Le feu, qu'il avait rechargé pourtant avant de dormir, se mourait. Une vague lueur éclairait l'horizon, à l'endroit où allait naître le prochain soleil. A cette heure, un froid intense enveloppait la terre. Asak aurait pu mourir gelé. Le gel endurcit le sommeil au lieu de le dissiper. Ce qui avait réveillé le Hud, c'étaient les lugubres hurlements des chacals. Cette fois, Bébé Jaune mêlait sa voix à celle du *toli*. Ils criaient de concert, et sans doute sauvèrent-ils ainsi le garçon. Celui-ci ranima le feu, se mit nu, s'approcha des flammes jusqu'à se brûler la peau. Un sinistre pressentiment lui était venu. Les chacals ne hurlaient plus la colère, mais la mort. La Beige ? La Beige si bien nourrie et abreuvée ?

Asak se réchauffa, remit sa tunique de

peaux. Il attendit que le jour fût haut, et grimpa sur le sommet du terrier. L'éclairage ne lui permettait pas de voir l'intérieur. Il attendit donc que le soleil monte dans le ciel. Les cris sinistres des chacals ne s'arrêtaient pas.

Enfin, l'intérieur du repaire fut éclairé. L'attitude de la Beige, allongée sur le flanc, gueule entrouverte, langue pendante, ne laissait aucun doute. Elle était morte. Asak ne comprit pas que l'énorme repas qu'elle avait englouti la veille après tant de privations avait brisé le fil ténu de sa vie. Il sut simplement qu'elle était morte. Morte, elle, la Beige, la première qui lui avait témoigné de l'amitié parmi les *tol* qu'il protégeait ! Asak se sentit aussi malheureux qu'au jour de la mort d'Akari. Il s'assit près du ruisseau, et pleura sans retenue.

★

Quand il eut ainsi soulagé son cœur, le jeune Hud procéda aux funérailles de la Beige. Il ne s'agissait pas, pensait-il, d'un animal crevé, mais d'une amie défunte, qu'on devait honorer. Pour cela, il entassa sur le terrier tout le bois qui restait de son feu de camp. Ravivant les braises de ce dernier, il y alluma un brandon, et le posa au milieu du tas de branchages. Ceux-ci s'enflammèrent, brûlèrent haut et clair, consumant pour finir le terrier lui-même et sans aucun doute le cadavre de son occupante. Asak alla par deux fois chercher des branches résineuses pour alimenter la flamme. Au bout d'un long moment, il ne resta qu'un trou plein de braise, qu'il combla avec les pierres du rivage, et décora d'un parement en galets du ruisseau.

Trois-Pattes et Bébé Jaune s'étaient enfuis, effrayés par les flammes. Ils revinrent s'asseoir sur le talus pendant qu'Asak jetait des cailloux, comblait le terrier, ornait la tombe.

« *Ea !* leur cria le Hud. Plus de hutte ici pour les *tol* ! Venez avec moi ! »

Or, tandis qu'il rendait à la Beige les derniers honneurs, Asak avait réfléchi à l'avenir des chacals. Comment les convaincre qu'ils ne risqueraient plus rien dans leur ancienne demeure, entre les racines de l'arbre tombé ? Trois-Pattes garderait sans doute le souvenir des renards. Mais puisque Asak avait chassé tous les renards de la prairie !

Pour finir, il usa d'un stratagème. Il restait encore une bonne partie des provisions de choix apportées la veille. Asak ne donna qu'un tout petit morceau au *toli* et à Bébé Jaune, s'éloignant du lieu où il plaçait la nourriture. Les chacals le dévorèrent et jetèrent un œil dans la direction que prenait leur bienfaiteur. Celui-ci, qui s'était avancé de trois cents pas environ sur la route du retour, s'arrêta. Faisant confiance à l'excellente vue des chacals, et surtout à leur flair en matière de repas, il déposa ostensiblement deux autres portions sur le sentier qu'il avait tracé la saison précédente, et que déjà abandonnait la neige.

Asak reprit ensuite sa route sans regarder derrière lui. Il se retourna une seule fois, et vit par-dessus son épaule les deux chacals avancer sur ses traces, sauter sur la nourriture. Alors, le garçon sut que sa ruse était bonne, et recommença.

La seconde fois, il déposa la viande à cinq cents pas au moins de sa première offrande sur le sentier. La troisième fois, il se campa sur l'amas de pierres-à-étincelles, espérant que les *tol* insatiables le suivraient jusque-là. Ils parurent bientôt, mais en le voyant, se cachèrent dans un buisson. Asak rit, car Bébé Jaune, ayant plus faim que peur, montrait parfois le bout de son museau, puis sa tête tout entière.

« *Ea !* cria le Hud en faisant mine de prendre son arc. On se cache mieux, pour ne pas être vu ! »

La tête de Bébé Jaune disparut à ces cris. Asak jeta encore de la viande sur le sol, et reprit le chemin de sa hutte. Il ne s'arrêta qu'une seule fois avant d'y parvenir : précisément devant l'ancien terrier des *tol*, sous l'arbre. Il l'inspecta d'abord, pour être sûr qu'aucun autre animal ne s'y était installé. Ensuite, il y répandit quelques-uns des plus fins morceaux qu'il réservait pour lui-même.

« *Oa, tol!* cria-t-il vers l'horizon désert. Votre hutte est ici ! »

Cette tâche accomplie, Asak retourna vers sa propre demeure. Non seulement le feu extérieur était éteint, mais aucune braise vivante ne demeurait, après tout ce temps, dans le foyer intérieur. Bien qu'il fût très fatigué par le voyage, la mauvaise nuit à la belle étoile, les funérailles de la Beige, Asak se contraignit à aller chercher du bois. Il gagna les arbres morts, l'arme prête. Le soleil baissait, et l'heure ne se prêtait guère à des incursions sur la lisière du bois. Mais la neige, ou pire, la pluie pouvaient survenir. Il fallait allumer les feux, et garder du combustible d'avance. Il eut le temps de faire deux voyages avant la nuit fermée. Entre les deux, il vida et ralluma le foyer intérieur. A son second retour, il battit le silex et la pierre rouge contre un peu de précieuse mousse sèche, et ranima le feu devant la hutte. La provision de mousse et de brindilles était encore abondante. Elle durerait jusqu'à ce que la Mère Terre nourrisse des herbes nouvelles, fasse verte la prairie et colore les fleurs.

Pour finir, il mangea le reste des provisions qu'il avait emportées pour les chacals. Il avait laissé un peu de gibier sur le toit de la réserve. Le garçon rit en le trouvant intact, et l'orgueil gonfla sa poitrine.

« Asak a chassé les renards ! cria-t-il. Ils n'osent plus venir, même quand Asak est parti au ruisseau ! »

Ayant crié ces mots présomptueux, il s'aperçut que les petits rongeurs s'étaient tout de même risqués à grignoter la viande en son absence. Mais qui, à part un *tol* affamé, se préoccupe des souris ?

Le gibier un peu abîmé fut placé derrière le feu. Si les *tol*, comme il le pensait, regagnaient leur ancien terrier, ils viendraient à l'aube, et méritaient cette récompense.

Il s'allongea sur les aiguilles de pin, après avoir ventilé la hutte : le foyer intérieur avait beaucoup fumé, avant de tourner en bonne braise. Le trou d'évacuation du toit n'avait pas suffi.

La fumée partie, le foyer tisonné, Asak se coucha donc sous sa couverture de peaux de lapin. Il soupira d'aise au souvenir de cette bonne expédition, puis, de regret, en songeant à la Beige morte. Il se caressa la main qu'elle avait léchée avant de mourir.

« *Oa*, dit-il. Demain, je chasserai ! »

Le lendemain matin, le printemps éclata sur la terre comme un orage bienfaisant. La brise était douce, le soleil chaud. Partout la neige fondante cédait à l'essor des herbes vivaces. Asak sortit de la hutte, et respira le printemps à pleins poumons. Il regarda derrière le feu : les provisions avaient disparu. Les *tol* l'avaient bien suivi jusqu'au bout.

Il les appela vainement, puis partit en chasse. La griserie du printemps rend imprudents les jeunes hommes. Asak, l'œil aux aguets, s'aventura dans le bois plus loin que d'habitude. Il s'en félicita, parvenant jusqu'à une clairière. Là, il vit l'œil de plusieurs lapins dans les arbres creux, et captura ceux qui les montraient imprudemment. Par bravade pure, il tua un oiseau en vol, non avec une flèche bombée, mais avec un trait aigu, qui le perça de part en part. L'arc à deux courbes dans la main, Asak se montrait aussi bon tireur que l'avait été son père.

Le gibier de poil allait tracer des coulées nouvelles sur le parcours des anciennes : ainsi font les bêtes sans malice. Le Hud disposa donc des pièges-liane à l'orée du bois, là où il en mettait avant la première neige. Il revint à la hutte, ployant sous le poids de ses prises. L'hiver était fini. Bientôt, on pourrait rejeter vêtements et fourrures de pieds, fouler l'herbe souple, nager dans l'eau claire.

« *Oa, toli !* » s'écria Asak joyeusement.

Trois-Pattes se tenait de l'autre côté du feu mourant, à la place-de-nourriture. Près de lui, un peu en arrière, Bébé Jaune tendait le cou, la tête un peu de travers.

« Asak va donner à manger ! » cria le Hud.

Il déposa une proie à la place-de-nourriture et une autre plus près de lui : non derrière l'emplacement du feu, mais à côté. Les chacals revinrent. Trois-Pattes, le *toli*, emporta la viande placée à l'endroit habituel. Bébé Jaune repéra l'autre, la plus belle.

Lentement, en rampant, les oreilles basses, il s'en approcha. L'homme était trop près. Les chacals ont-ils de la mémoire ? Le jeune se souvenait-il qu'Asak avait plongé le bras dans le terrier près du ruisseau, nourri la Beige ? Qu'il ne leur avait jamais fait de mal ? Il rampait, poussant de brefs gémissements. Quand il fut tout près de la proie, toute prudence l'abandonna. Il se jeta sur elle, à quelques pas d'Asak, la saisit et s'enfuit.

Les hommes, eux, se souviennent. Le Hud se rappela que le bruit de son rire effrayait les *tol*. Il étouffa donc dans sa main son accès de gaieté. Comme Bébé Jaune était drôle !

« Demain, dit Asak, il faudra venir chercher la belle viande devant mes pieds, ou avoir faim ! »

Chapitre 8

L'amitié

Après le long et dur hiver, la Terre-de-l'Eau reprenait vie. C'était la saison de l'abondance, mais aussi de l'imprudence. Asak savait cela, et que les animaux nés dans la rude saison ne se méfient pas assez, quand le vent devient tiède et la nourriture abondante. Pour lui, il se laissa aller quelque temps à la douceur de vivre. Sa hutte était bâtie, intacte après les épreuves de l'hiver. Aller chercher du bois devenait simple promenade, non combat contre tempête, neige, colère du Grand Vent. Il posait peu de pièges, et chacun prenait sa proie. Il chassait à peine, tant le gibier foisonnait. Seuls les renards n'avaient pas osé reparaître, et Asak s'en trouva satisfait : l'homme leur avait imposé sa loi.

S'astreindre à la besogne fastidieuse de préparer des peaux ? Inutile. Toutes celles qu'il avait assemblées pour son défunt père et lui-même seraient encore en état l'année suivante, s'il y veillait. Au reste, serait-il encore là pour le prochain hiver ? Le Hud en doutait. Il faudrait bientôt tenir la promesse faite au mourant : tuer le cerf, utiliser sa peau pour fabriquer un radeau pareil à ceux des Gens du Fleuve. S'aventurer ensuite dans l'Eau Folle, et périr ou gagner l'autre bord.

Il allumait un petit feu devant la hutte.

En attendant la grande chasse, il se donna répit et repos bien gagné. Sitôt qu'un nouveau soleil dissipait les brumes de la nuit, Asak lui dédiait son hymne. Il mangeait ensuite, allait boire à la source, eau pure et abondante que le froid n'avait jamais tarie. Les tâches domestiques accomplies, les pièges relevés, il allumait un petit feu devant la hutte.

« *Oa, tol !* » criait-il.

Les chacals n'étaient jamais loin. Ils connaissaient à coup sûr cet appel, car ils

ne tardaient jamais à apparaître. Trois-Pattes devant, comme il convient à un chef. Bébé Jaune derrière lui.

Tandis que passaient les semaines, le jeune chacal ressemblait de moins en moins au bébé qu'il avait été. Asak le nommait désormais *Kleg*, qui désigne la couleur jaune dans le langage des Hudi. *Kleg* et non plus *O-Kleg*. Le *tol* était sorti de l'enfance et n'avait plus droit à ce vocable *O* devant son nom, qui désigne et protège les petits enfants.

Comme il se l'était promis, Asak entreprit d'habituer Kleg à venir chercher sa nourriture dans la main de son nourrisseur. Il s'attendait à vaincre une résistance, car les *tol* sont têtus. Il ignorait qu'une telle tâche dépassait de loin le stade du jeu. Approcher l'homme, pour Kleg, c'était aller contre un préjugé aussi vieux que sa race. Avant lui, jamais aucun *tol* n'avait donné sa confiance à personne : surtout pas à ces animaux verticaux, sans poils, qui font du feu, lancent la mort de loin et combattent les plus effrayants des fauves.

Sitôt après son retour du ruisseau, après la mort de la Beige, Asak avait pu se faire une idée de l'entêtement des *tol*. Malgré toutes les menaces, les privations de viande, malgré tous les discours, Trois-Pattes refusa de réintégrer l'ancienne tanière. Asak pourtant en avait retiré les ossements de la Brune. Il mit complètement hors d'eau le terrier entre les racines, le couronnant de pierres plates. Il y plaça chaque jour de l'excellente viande, non de simples déchets. Avec la lame-feuille, il creusa l'argile pour créer une dépression que remplit d'eau la première pluie. *Toli*, et par conséquent Kleg, refusèrent pourtant de demeurer là. Ils venaient chercher la nourriture, s'en régalaient, et retournaient à la nouvelle demeure qu'ils s'étaient choisie : un trou dans la terre, dissimulé par un buisson, conduisant sans doute à une chambre souterraine. Que le nouvel habitat des *tol* comportât plusieurs issues, Asak n'en douta plus, quand il essaya de les enfumer pour les chasser de là.

« Asak est le père des *tol* ! dit-il avec colère. Il leur ordonne de retourner dans leur vieille hutte ! »

Le Hud construisit donc un foyer près du buisson. A l'aide de larges feuilles, il dirigea la fumée vers le trou. Il s'en perdait beaucoup, mais en se donnant de la peine Asak réussit à emplir de fumée de bois vert le conduit du nouveau terrier.

Les reins fatigués, il s'arrêta enfin, content d'avoir donné aux *tol* une leçon sévère. Il se releva, se retourna... et vit Trois-Pattes, flanqué de Kleg, qui le regardait de loin, assis sur une butte. Il était pourtant sûr de les avoir vus disparaître dans le trou avant de l'enfumer.

Allait-il, comme il l'avait fait pour les renards, chercher toutes les issues secondaires, les boucher ou y faire du feu ? Non pas. Cela se pratiquait pour exterminer des ennemis, non pour donner à des amis une bonne leçon. Kleg penchait le cou, la tête un peu de travers, la langue pendante, dans cette posture qui faisait rire Asak.

« Les *tol* sont stupides ! déclara-t-il sans colère. Asak leur permet de demeurer dans ce mauvais trou ! Que les renards les prennent ! »

Après ce discours qui ménageait son amour-propre, le Hud réfléchit, ce qu'il aurait dû faire au lieu d'essayer de contraindre ses amis. Le nouveau terrier se trouvait mieux protégé que l'ancien contre les incursions d'un ennemi. Personne, à part un petit rongeur, ne pouvait traverser le buisson épais et serré sans faire du bruit, dérangeant les feuilles. De plus — Asak s'en aperçut un peu plus tard au cours de ses chasses — ce n'était pas une, mais deux issues de secours que comportait le nouveau nid. L'une d'elles débouchait à moins de trente pas du feu de l'homme, dans un autre buisson. Ils l'utilisaient les jours de pluie, ces fainéants !

A contrecœur, le Hud admit que Trois-

Pattes était sage. Il refusait l'ancien terrier d'où la force les avait délogés. Il en choisissait un qui multipliait les chances de fuite, en cas d'attaque. Pour montrer que l'affaire était close, Asak emplit de branches la tanière ancienne, entre les racines de l'arbre. Il y mit le feu. Les pierres qu'il avait posées sur le dessus tombèrent dans le nid incendié.

« *Oa !* dit le garçon. Asak le veut ainsi : les *tol* auront une autre hutte. »

Cependant, chaque matin, l'heure du déjeuner des chacals donnait lieu à un autre combat. Celui-là, le Hud avait décidé de le gagner, même s'il durait très longtemps. Ce serait sa volonté contre celle du Jaune : Kleg viendrait chercher sa pitance dans la main de l'homme.

Il commença par priver les *tol* de nourriture. Cela, qui en hiver eût été efficace, devenait dérisoire en cette saison. Chaque trou d'arbre mort montrait un œil de lapin, les rongeurs pullulaient. Asak, pour sa part, se délectait des escargots que réveillait le printemps et faisait sortir chaque pluie. Affamer les *tol* n'était pas possible.

Cependant, ils avaient pris l'habitude de venir chaque matin derrière le feu chercher de bons morceaux. C'était comme un pacte conclu entre *toli* et l'homme. Ce dernier n'essayait pas d'attirer Trois-Pattes au-delà de la place-de-nourriture. Le maître chacal ne devait pas se trouver humilié dans sa dignité de chef. Mais Kleg, même s'il avait perdu ses prérogatives de bébé avec sa fourrure d'hiver, restait un jeune, aux habitudes non établies.

Asak, d'une part, choisit dans les restes de sa provision d'hiver ce qu'il restait de friandises capables d'affoler un *tol*. Ensuite, il les plaça chaque matin un peu plus près de lui. *Toli* mangeait sa part à l'endroit convenable, puis s'asseyait tranquillement, sans essayer d'intervenir.

La distance entre Asak et les friandises se réduisit à quelques pas. Le temps que mettait Kleg à venir les chercher augmentait chaque matin, tandis que diminuait l'espace entre le bon-manger et la bête-effrayante. Il rampait, se tortillait, se donnait des frayeurs à lui-même. Quand il froissait une branche ou faisait rouler une pierre, il s'enfuyait au loin, les oreilles couchées. Ensuite, il recommençait depuis le début sa lente manœuvre d'approche. Pour finir, il saisissait sa proie et partait ventre à terre.

Alors seulement, Asak s'étirait et riait. Pendant tout le temps que mettait le jeune chacal à effectuer son parcours, le Hud restait complètement immobile, comme pour un affût. Il parlait cependant, disait de douces paroles pour rassurer l'animal. Il lui expliquait les liens qui les unissaient, et que l'ami n'a pas de flèches contre son ami : « Asak a chassé les renards. Asak a nourri la Beige, il l'a fait boire, elle lui a léché la main. Après la mort, elle a eu grâce à lui une bonne sépulture. »

Tels étaient les thèmes du discours que le Hud tenait tous les matins. Il savait que Kleg ne pouvait en comprendre les mots, car seuls les hommes parlent. Il pensait pourtant que l'amitié qui animait ses paroles rassurait la pauvre bête, et que la gourmandise ferait le reste. *Demain*, s'était-il promis, le *tol* mangerait dans sa main. Demain, en langage hud, ne désigne pas forcément le jour qui suit. Il se prononce en traçant de la main la course du soleil dans le ciel : demain, c'est quand un autre soleil viendra chasser une autre nuit, plus tard.

La distance entre Asak et la nourriture de Kleg diminuait de plus en plus. Vint un jour où le garçon déposa la viande juste à côté de lui. La danse d'approche fut longue, plus longue qu'elle ne l'avait jamais été. Kleg pourtant vint chercher sa proie.

Le moment crucial était arrivé. Le lendemain, Asak plaça la nourriture sous ses doigts posés sur le sol. Pour la saisir, il fallait toucher du museau cette main.

Kleg n'osa pas. Il approcha, se tortilla, poussant toujours de petits abois. A deux reprises, il parut sur le point d'agir, mais s'enfuit. Il revint, essaya encore, renonça de nouveau, s'enfuit pour de bon.

Le jour suivant, Asak donna à manger à *toli* à la place-de-nourriture, puis revint à la hutte sans même essayer de nourrir Kleg. Ce dernier courut à l'endroit où son pourvoyeur se tenait d'habitude, s'assit et poussa une plainte. Asak demeura inflexible. Kleg dut chercher son déjeuner lui-même. Il en fut ainsi pendant deux soleils de plus.

Le troisième étant levé, Asak pourvut Trois-Pattes, et s'assit à la place où Kleg *devait* venir pour manger. Cette fois, il tenait la viande dans sa main.

Durant sa vie, le Hud n'oublia jamais ce jour-là. Il avait décidé de faire une tentative décisive. Que le Jaune choisisse !

Kleg se mit à ramper, et cette fois fit le discours lui-même. Ses gémissements, Asak crut en saisir le sens. Il les comprenait en effet, car leurs cœurs à tous deux étaient simples, et l'enjeu évident :

« *Je t'aime bien,* semblait grogner Kleg le Jaune. *Tu nous donnes la nourriture au goût délicieux. Tu n'as jamais fait de mal aux miens. Pourtant, tu me demandes une chose impossible. J'ai trop peur. Je ne peux pas venir si près. Je sens que je vais m'enfuir.* »

Asak se contraignait non seulement à l'immobilité, mais au silence. Kleg s'enfuit deux fois. Il fit ensuite des grâces pour montrer sa bonne volonté. Il était prêt à toutes les concessions, sauf à celle qu'on lui demandait. La bête-qui-tue-de-loin ne pouvait-elle le deviner ?

Asak ne parlait pas, ne bougeait pas plus qu'une pierre. Dans un effort désespéré contre sa peur, le chacal arriva aux pieds de l'homme, poussant toujours ses petits cris de supplication.

Alors, le Hud se mit à parler, le plus doucement qu'il put, dans une sorte de ronronnement. Les paroles n'avaient pas d'importance. De leur ton émanaient l'affection, le désir de partage.

Les oreilles collées au crâne, se traînant sur le ventre, Kleg avançait si lentement que sa progression devenait à peine perceptible. Il clignait les yeux, évitant par-dessus tout de regarder Asak : seulement la viande que tenait la main.

Enfin, son museau jaune se trouva tout près de la pitance. La voix apaisante ronronnait toujours. Le garçon vit les muscles de Kleg se contracter, prêts à une fuite rapide. Le chacal saisit la viande dans la main de l'homme, et détala aussi vite que si deux renards le pourchassaient.

Alors Asak se leva. Il était resté si longtemps immobile, n'osant changer de position, qu'une crampe lui tordit le mollet. Il sautilla sur un pied, parlant fort et riant. Pendant toute l'approche du Jaune, Trois-Pattes n'avait pas quitté sa place, derrière le feu éteint, assis sur son derrière maigre.

« Kleg a pris la viande ! lui cria le Hud. Kleg est l'ami d'Asak, il mange dans sa main ! »

Le *toli* se leva et cria. Un aboi profond, sérieux, nouveau. Il se leva et s'en alla, trottinant, sa queue rayée de gris et de jaune relevée en panache, réprobateur.

Depuis ce jour-là, Kleg fit moins de difficultés pour venir chercher sa pitance dans la main d'Asak. Ce dernier se permit de bouger un peu, de faire quelques gestes lents auxquels la bête s'accoutuma. Pour finir, le Hud essaya de mettre sa main sur la tête de Kleg, et se fit mordre. Non pas une blessure cruelle, mais un vif coup de dents, un avertissement.

Asak n'en tint pas compte. Peu de temps plus tard, Kleg admettait que son pourvoyeur lui passe la main à plat entre les oreilles. Il finit par accepter de manger sa viande aux pieds du garçon, au lieu de l'emporter au loin pour la dévorer. L'approche prenait de moins en moins de temps. Quand la jeune herbe eut fini de pousser, les progrès devinrent tels dans la confiance de Kleg qu'il venait mendier plusieurs fois par jour à l'entrée même de la hutte. Le Hud prenait soin de lui

Le chacal saisit la viande
dans la main de l'homme...

donner à manger chaque fois qu'il osait s'approcher, et le caressait.

Trois-Pattes, le *toli*, restait toujours à la place-de-nourriture, et poussait son aboi de désapprobation.

★

Asak avait décidé d'attendre le grand beau temps pour entreprendre son expédition en aval de l'île, vers les loups et les cerfs. Il savait en effet que de fortes pluies suivent la saison des neiges. Un chasseur prudent ne prend pas le risque de les affronter loin de sa hutte.

Il plut en effet, mais par brèves et violentes ondées. Dans l'intervalle, le jeune Hud refaisait sa provision de bois, traînant près de sa demeure des branches prises à la lisière morte de la forêt. Le voyage n'était pas long. Si Asak avait su compter plus que les doigts de ses mains, il aurait trouvé environ cinq cents pas de distance. Des bourrasques de vent balayaient la prairie, buvant l'eau de pluie, courbant les jeunes herbes. Les buissons s'ornaient de fleurs éclatantes.

Allant ramasser du bois un matin, Asak eut l'impression qu'un animal le suivait. Il fit volte-face, s'agenouilla et engagea une flèche sur son arc, d'un même mouvement rapide. Une queue jaune et touffue disparut derrière les arbustes fleuris. Le garçon reprit sa route en riant de plaisir : Kleg l'escortait, comme l'aurait fait un enfant hud accompagnant de loin les chasseurs, tremblant de sa propre audace.

Il ne fit rien pour effrayer l'animal. Celui-ci, du reste, devenait de plus en plus présent. Il venait se rouler devant la hutte pour demander des friandises, acceptait les caresses. *Toli* l'escortait toujours, restant à distance et grognant comme un vieillard grincheux.

Trois-Pattes, songeait Asak, devait être vieux, puisqu'il ne partait pas en quête de femelle, comme il est d'usage chez les animaux, au printemps. La Brune et la Beige étant mortes, il aurait été normal qu'il cherche ailleurs une mère pour de nouveaux *tol.* Peut-être, pensait le Hud, sa patte manquante l'empêchait-elle de disputer une épouse à d'autres chacals. Dans toutes les espèces, il y a bataille au moment de la formation des couples. Que peut un Trois-Pattes, même avisé et rapide, contre un jeune normal ?

Il apparut bientôt, dans une singulière aventure, que les relations n'étaient pas coupées entre *toli* et son espèce. Si Trois-Pattes en fit les frais, elle ne devait pas moins resserrer les liens entre l'homme et ses protégés.

Rendu paresseux par la douceur de l'air, le parfum des fleurs, la chasse facile, Asak omettait parfois ce devoir d'un adulte : se lever en même temps qu'un nouveau soleil daigne paraître. Il faut dire à sa décharge qu'une brume épaisse s'élevait de l'herbe après l'aube, rendant insensible le passage de l'obscurité à la lumière.

Le paresseux Asak dormait donc sous ses peaux de lapin, quand un concert de glapissements le réveilla en sursaut. Il s'agissait de chacals en train de se battre. Dès qu'il eut reconnu leur voix, le Hud sortit de sa hutte, la fronde d'une main, et de l'autre une peau liée, pleine de cailloux ronds.

Écarquillant les yeux pour se libérer tout à fait du sommeil, Asak guetta. Après la première explosion de cris, le silence. Le garçon pensa qu'il s'agissait d'une attaque contre ses amis *tol*, suivie par un moment d'observation silencieuse. Quand chacun aurait pris la mesure de ses adversaires, la vraie bataille commencerait.

Soudain, les glapissements caractéristiques des chacals éclatèrent sur sa gauche, du côté du nouveau terrier. A peine Asak avait-il fait quelques pas dans cette direction que les bêtes déboulèrent : Trois-Pattes et Kleg, courant de toute leur vitesse, poursuivis chacun par un *tol* étranger.

Les amis du garçon avaient donc fui, refusant le combat devant des adversaires plus forts. Et où couraient-ils, *toli* en tête, où, sinon du côté de la hutte, pour chercher la protection de leur père nourricier, de leur défenseur ?

Avant même qu'il prît le temps de réfléchir, les réflexes du chasseur jouèrent. C'est ainsi que l'on survit et que l'on gagne : frapper l'agresseur à la rencontre, impitoyablement.

Les deux sifflements successifs de la fronde

retentirent en un rien de temps. Le poursuivant de *toli* reçut un caillou sur le dos. Il fut renversé par le choc, roula sur le sol, se releva hébété. Aussitôt, Trois-Pattes se retourna et l'attaqua, lui sautant à la gorge.

La seconde pierre cependant avait manqué le chacal qui poursuivait Kleg. Ce dernier, dans un ultime élan, accourut vers Asak et s'abrita derrière lui. L'assaillant s'arrêta devant ce nouvel adversaire, l'évaluant du regard, peu enclin à attaquer autre chose qu'un petit de sa propre race.

Tant de lâcheté mit le Hud en colère. De plus, il était profondément vexé d'avoir manqué son but. Toucher d'une pierre un animal lancé est plus difficile que de l'abattre d'une flèche. Le fils d'Akari, pourtant, ne se permettait aucune erreur de tir. Avant ou après la chasse, il s'entraînait sans cesse, aussi bien avec l'arc à oiseaux qu'avec les flèches dures ou la fronde.

Le chacal inconnu paya pour cette vexation. Asak fit tournoyer sa fronde en s'avançant vers l'animal. Sans lâcher l'une des brides pour libérer la pierre, il assena l'appareil entier sur la tête de l'étranger, le surprenant tandis qu'il s'enfuyait.

De féroces grognements de combat provenaient du lieu où s'affrontaient *toli* et son adversaire. Manifestement, Trois-Pattes avait le dessous. L'autre l'obligeait à tourner sans cesse, ce que rendait difficile son infirmité.

La fronde siffla de nouveau. Cette fois, Asak lâcha l'une des brides. Le projectile fendit l'air et toucha sous les côtes l'agresseur de *toli*. Il roula de nouveau dans l'herbe, et cette fois, s'enfuit de toute la vitesse de ses pattes.

« Asak est le frère de *toli*, le père de Kleg ! lui cria le Hud. Les autres chacals sont des charognes de rats ! »

Cependant, Kleg, avec de petits cris, courait vers Trois-Pattes, qui semblait mal en point. Sa gorge saignait d'une morsure : non ce flot de sang qui prédit la mort, pourtant. L'autre l'avait mordu à la joue. Contrairement à ses habitudes, il ne grognait pas, mais frémissait, tremblait. Kleg, près de lui, faisait entendre des lamentations qui ressemblaient à celles des femmes ou des enfants.

Le chacal assommé d'un coup de fronde paraissait mort. L'était-il vraiment ? Un chasseur connaît la ruse commune à beaucoup d'animaux : rester couché par terre, faisant le mort jusqu'à ce que s'approche l'homme, hors de garde, les armes baissées ; s'enfuir ensuite presque sous ses pieds, achevant ainsi de le déconcerter.

Pour avoir une certitude, Asak fit tournoyer sa fronde garnie d'une autre pierre, et poussa des cris épouvantables. Le soi-disant mort fut-il effrayé par l'arme, par les cris ou par l'une et les autres ensemble? En tout cas, il revint à la vie instantanément et s'enfuit la queue basse.

Asak rit d'abord du tour qu'il venait de jouer, mais les gémissements de Kleg le ramenèrent à ses amis. Il s'approcha de Trois-Pattes avec précaution. Le pauvre animal grogna, mais n'arrêta pas de trembler. Il portait d'autres morsures à la poitrine. Le Hud se souvint des clameurs qui l'avaient réveillé. Ces deux rôdeurs avaient dû attaquer ses amis quand ils sortaient de leur terrier à l'aube. Trois-Pattes avait d'abord fait front : d'où les glapissements. Ils s'étaient ensuite observés : d'où ce long silence. Ensuite, *toli*, jugeant sagement que lui et Kleg n'étaient pas de force, avait fui en direction de la hutte. Mais Trois-Pattes, blessé dans le premier combat et le dernier affrontement, payait cher la bataille.

« Viens ! dit Asak. Viens, *toli*, chef de tous les chacals ! »

Les yeux de la bête rencontrèrent ceux de l'homme qui s'approchait, qui profitait de ses blessures pour venir plus près qu'il ne l'aurait osé.

« *Je ne peux pas m'enfuir*, disait le regard de Trois-Pattes. *Mais je ne veux pas que tu me touches.*

— *Oa!* répondit Asak à ce regard. *Toli* est un chef. Asak ne l'insultera pas ! »

Il alla vers la hutte chercher à manger pour le blessé. Quand il revint, Trois-Pattes avait cessé de trembler. Il baignait ses blessures dans une flaque. Il accepta la viande, mais de loin. Ses grognements avaient repris de l'assurance.

« *Oa!* assura le garçon. Les blessures guérissent souvent ! »

Ayant dit cela, il pensa soudain à son père, et le chagrin le prit. Il s'assit dans l'herbe, la tête dans les mains. L'homme n'est pas fait pour la solitude.

Quelque chose de chaud et de mouillé toucha son flanc nu. Une fourrure vivante se posa sur ses genoux : la tête de Kleg. Il ne l'y laissa qu'un petit instant, le temps de se faire gratter le sommet du crâne. Asak aimait fourrager dans ses propres cheveux avec ses ongles. Il imagina de gratter Kleg, et ce dernier, toujours timide, recherchait ce raclement délicieux. Il s'écarta un peu de l'homme accroupi, tordit le cou, pencha la tête, tira la langue... Asak se leva en riant, sa peine envolée.

Un peu plus tard, la véritable pluie commença, la pluie qui tombe du ciel, comme un ruisseau, pendant des heures. Le Sorcier expliquait très bien cela : le Père Soleil fait fondre la neige qui durant l'hiver s'accumule sur les nuages. Elle tourne en eau, qui dès lors tombe sur la terre. Ensuite, c'est le véritable beau temps, et l'on est presque sûr que le Père Soleil fera paraître l'un de ses enfants de chaque matin à chaque soir, d'un bord à l'autre de la Mère Terre.

La pluie, en ses plus forts épanchements, rapprocha encore d'Asak ses amis chacals, et affermit leur alliance.

★

Il semblait que le ciel entier fondît en eau. De chasser et de piéger, plus question. Par chance, avant que ne se mette à tomber cette pluie serrée, interminable, le Hud avait fait une expédition sous le couvert des arbres, pour faire provision d'œufs et de lapins sans méfiance. Il eut la chance de tomber sur une harde de sangliers, ou plutôt une femelle suivie de quatre petits. Asak tua d'une flèche dure le plus gros des marcassins, épargnant les autres. Une leçon apprise de bonne heure lui avait enseigné à ne jamais tuer plus de gibier qu'il ne lui en fallait. Toutes les bêtes de la terre, sauf les renards et autres fous sanguinaires, connaissent cette loi. Les loups se trouvent toujours près de l'endroit où paissent les cerfs. Un instinct ancestral pourtant les empêche de manger *tous* les cerfs. S'ils le faisaient, ils se trouveraient bientôt réduits à la famine, à l'exil hasardeux.

Ainsi le Sorcier expliquait-il l'équilibre des hardes, et il commandait aux hommes de s'y conformer. Ainsi Asak ne tua-t-il qu'une bête à rayures, non les quatre, comme il l'aurait pu. Un marcassin, c'était déjà beaucoup de viande. La pluie trouva le Hud bien muni de provisions.

Les journées cependant se traînaient interminablement, tandis que l'eau céleste tombait sur la terre sans discontinuer. Inutile de penser à allumer le feu extérieur : il aurait été noyé en un instant. La nuit, Asak renforçait par des murets de pierre la fermeture de sa hutte et celle de sa réserve. Les pillards à quatre pattes ne devaient pas y pénétrer, rassurés qu'ils auraient pu être par l'absence du feu. Si quelque bête féroce sortait du bois et risquait une incursion, Asak tenait son arc et son épieu, son harpon même, à portée de main.

Décidément, il n'était pas fier de son harpon à pointe de coquillage.

« Quand j'aurai tué le cerf !... » pensait-il.

Mais il fallait attendre pour cela la fin de la pluie, le début de la saison chaude.

Donc les journées, toutes pareilles, semblaient interminables au prisonnier de la hutte. Il se risqua plusieurs fois dehors, bientôt suffoqué par l'eau qui tombait

Les journées se traînaient interminablement...

comme coule un ruisseau. Il prenait du bois pour le mettre à sécher à l'intérieur, et alimenter le brasier protégé par son toit. Il buvait dans les flaques, sans avoir à aller jusqu'à la source. Ensuite, tout ruisselant, il rentrait à l'abri, essuyait son corps trempé avec une peau, ravivait les braises et se réchauffait. Pour passer le temps, il fabriquait de petits burins et grattoirs de silex, afin de remplacer ceux que l'usage émoussait. Il rafistolait sa couverture et ses vêtements, dont il n'aurait plus besoin longtemps. Il fabriquait des poches de feuilles, pour la cueillette. En un mot, il s'ennuyait énormément, n'attendant que la nuit pour dormir, ce qui est la plus agréable façon de ne rien faire.

Un soir, tandis qu'Asak se préparait à se coucher, le bruit de la pluie sur les fagots du toit augmenta d'intensité. Il semblait impossible qu'il pleuve plus fort et davantage. C'était pourtant ce qui se produisait. L'eau tombait par le trou d'évacuation de la fumée, pourtant protégé, et gouttait dans un creux qu'une rigole évacuait à l'extérieur. Le soir même, Asak avait bu tout son content dans ce creux, qui jamais jusqu'alors ne s'était rempli.

Le Hud s'allongea sur la litière d'aiguilles de pin qu'il avait renouvelée dès les premiers beaux jours. Il tira sur lui la couverture en peaux de lapin, car l'humidité engourdit les membres durant la nuit, aussi pernicieuse pour le corps que le froid le plus vif.

Bien au chaud, il ferma les yeux et soupira d'aise. Plus le temps est mauvais, plus la pluie fait rage, plus il est agréable de dormir au chaud, presque au sec. Comme tous les soirs, il songea un moment à la grande chasse au cerf, la saison suivante. A Akari aussi, à l'étrange dernier ordre du père mourant : « Fais un radeau, rentre au village ! » Il faudrait aller d'abord sur l'autre rive, étudier l'embarcation hors d'usage des Gens du Fleuve, pour apprendre à en fabriquer une bonne réplique. Il faudrait...

Asak s'était endormi, passant de la réflexion au rêve sans s'en rendre compte. Le rêve lui faisait entendre les glapissements d'une harde de *tol* qui gambadaient dans un ruisseau. Leurs têtes portaient des ramures de cerf, et l'un d'eux, Bébé Jaune en personne, debout sur ses pattes de derrière, portait l'arc à deux courbes.

« Rends-moi cet arc ! essayait de crier le garçon. Asak seul, l'homme seul a le droit de s'en servir, non les animaux. »

Or, chose effrayante, aucune parole humaine ne sortait de son gosier. Il essayait de crier, et glapissait comme un chacal. Il essaya encore, et ne pouvait s'exprimer qu'en langage *tol.*

Asak s'agita si fort en faisant ce songe bizarre qu'il s'éveilla, suspendu un instant entre le rêve et la réalité. Tout cela n'était que fantaisie du sommeil qui engendre des chimères. Pourtant...

Pourtant, c'était bien l'aboi d'un chacal qu'entendait Asak. Non plus en songe, mais dans la réalité : un cri lamentable et tout proche. Il y avait un chacal dehors, devant la hutte, qui pleurait misérablement.

« *Oa, toli,* Kleg ! » s'écria le Hud.

La pluie redoublait de violence. Asak tendit l'oreille pour se rendre tout à fait sûr de ce qu'il entendait. Les gémissements reprirent de plus belle.

Glissant hors de sa couche, le garçon prit une des grosses branches de pin non écorcé qui dans l'occasion lui servaient de torche. En allumer une dans la hutte était imprudent : elle aurait pu mettre le feu au toit. Pourtant, les circonstances l'ordonnaient. Asak démolit le muret qu'il élevait tous les soirs devant l'ouverture de sa maison et tenta de scruter les ténèbres. Il n'entendait plus que le ruissellement furieux de la pluie.

« *Oa !* cria-t-il. *Oa, toli,* Kleg ! »

Un long gémissement tout proche lui répondit. Asak, dès lors, n'hésita plus. Il découvrit le brasier intérieur et y alluma la torche, qui s'enflamma en fumant et en pétillant. Sortant à reculons de sa hutte, le Hud se trouva inondé en un instant. Il sortit en dernier ses mains, qui tenaient la torche horizontale, prenant bien soin de ne pas mettre le feu aux fagots du toit.

La flamme ne dura pas longtemps. A peine eut-elle illuminé les abords de l'abri que les torrents d'eau l'éteignirent. Cet éclair dans la nuit avait cependant suffi à Asak pour identifier les deux formes accroupies à peu de distance, à l'emplacement du foyer extérieur désormais noyé : Kleg, et Trois-Pattes un peu en retrait. Que faisaient-ils là ? Par ce temps, ils auraient dû rester comme lui bien cachés dans leur tanière, au lieu de ramper sous ces trombes d'eau.

Soudain, le Hud hocha la tête. Il croyait comprendre ce qui était arrivé. L'eau, plus abondante qu'elle ne l'avait été depuis l'établissement de la hutte, inondait la prairie. Les animaux ont garde de préserver l'accès de leur tanière contre les intempéries ordinaires, mais il s'agissait précisément d'un déluge hors du commun, imprévisible. Par débordement ou infiltration, le flux devait avoir envahi le refuge souterrain des chacals, les obligeant à s'enfuir par une autre issue. Ainsi étaient-ils là, trempés, sans abri, gémissant.

« *Ea !* gronda Asak. Les *tol* sont des sots. S'ils étaient revenus entre les racines de l'arbre, ils n'auraient pas le dos mouillé ! »

A ces inutiles paroles répondit un autre aboi lamentable de Kleg. Alors, la pitié envahit le cœur du garçon. Il poussa le cri d'appel qui tous les jours — et la veille encore — faisait accourir les chacals pour recevoir leur repas.

« *Aha, tol ! Am, aha !* »

Une sorte de buisson mouillé, de couleur jaune, apparut à l'ouverture de la hutte. Asak avait mis du bois sec sur le feu intérieur, et rit en apercevant, à la lumière des flammes, la pauvre apparence de son ami. Son beau poil habituel pendait en mèches collées. La bête tremblait de froid.

Le Hud recula derrière le feu, et appela doucement son protégé. La longue patience qu'il lui avait fallu déployer pour l'amener à s'approcher sans peur fut encore mise à l'épreuve. Venir près de l'homme, se faire nourrir et gratter derrière les oreilles était une chose acquise. Mais entrer dans une tanière inconnue, la tanière d'un étranger, même amical !

Asak rusa. Il aviva le feu en le tisonnant. Il déposa sur les braises ardentes un morceau de marcassin. Fut-ce l'odeur de la viande ou les délices du feu qui décidèrent Kleg ? Il finit par s'aventurer, de sa manière prudente, rampant sur le sol.

« Je suis venu, semblait dire son cri modulé. Je suis là. Inutile de m'en demander davantage. Donne-moi cette viande qui sent si bon. Ne me demande pas d'aller la chercher au fond de ce redoutable repaire. »

Comme à l'ordinaire, Asak se montra inflexible. Il retourna la viande, pestant contre la fumée, fit semblant d'y mordre et d'y prendre un plaisir rare. En réalité, il avait l'estomac plein de nourriture et d'eau, mais tournait et retournait la nourriture dans ses mains en murmurant des encouragements très persuasifs.

Pour finir, Kleg n'y tint plus. Il fit le tour du feu, quémanda le bon morceau. Plein de pitié, le garçon le regarda manger. Il se gardait bien, comme toujours, de toucher le jeune chacal pendant qu'il prenait son repas. L'autre aurait cru que cette main voulait le priver de sa pitance, et l'aurait mordu.

« Mange ! disait le Hud. *Am, tol, am,* Kleg. Asak est le père des *tol* ! »

Disant cela, il pensa soudain à Trois-Pattes. Le *toli* infirme qui refusait toujours la compagnie de l'homme ne viendrait pas se mettre à l'abri. Asak eut une idée. Il affermit son courage et ressortit de la hutte.

« *Toli !* appela-t-il. *Aha, am,* viens ! »

La pluie coulait sur son corps, dans ses yeux et ses oreilles. Le Hud s'attaqua à l'un des murs de la cabane accolée à la hutte, où ne demeuraient plus que des peaux, du bois sec, de la mousse-à-feu. Les provisions d'hiver étaient consommées en entier. Le marcassin découpé et le reste du gibier récemment chassé séchaient dans la hutte elle-même.

Bien construite selon les conseils d'Akari, la cabane avait résisté au déluge. Les fagots et écorces du toit ne laissaient pas passer une goutte de pluie. Asak, à grand-peine, délogea l'une des grosses pierres qui défendaient sa réserve. Pour cela, il devait peiner sous les torrents d'eau. A l'intérieur, hutte et cabane communiquaient, mais on ne pouvait défaire du dedans l'empilement de rocs et de bois qui composaient le mur. Du dehors, en pleine nuit, gêné par la pluie torrentielle, cela ne fut pas facile.

Après de longs efforts, Asak fit un trou dans le mur de la réserve. Juste assez grand pour laisser passer un chacal.

« *Toli !* appela-t-il ensuite. *Aha !* »

Il était sûr que le vieux Trois-Pattes le regardait faire dans le noir, et qu'il comprendrait. Asak rentra dans la hutte, rechargea le brasier et réchauffa son corps transi. Un gémissement plaintif l'avait accueilli. Kleg aimait la chaleur, son ventre était plein : il n'était pas ressorti, mais restait couché près de la litière du Hud, regardant parfois les bonnes choses à manger suspendues hors de sa portée.

« Kleg ne pense qu'à manger ! » gronda Asak.

Sachant qu'on lui parlait, habitué à son nom, le jeune chacal vint tout près du feu, contre son ami. Il ne rampait plus, marchait normalement. Il avança la tête, et Asak le gratta derrière les oreilles. Kleg alors se mit sur le dos, pattes en l'air, comme le font certains animaux quand ils abandonnent la lutte et se livrent à la clémence de leurs adversaires. Cet acte de soumission devait se révéler définitif. Asak gratta le ventre du

Le jeune chacal vint tout près du feu.

chacal jaune, son cou, sa mâchoire, prononçant des mots de tendresse. Depuis ce jour, Kleg n'eut jamais plus peur du garçon, le suivit partout, devint même encombrant à force d'amitié.

Restait *toli.* Asak entra dans la cabane, utilisant cette fois le trou qui communiquait avec la hutte. Un courant d'air humide entrait par l'ouverture pratiquée vers l'extérieur. Le Hud déposa un morceau de viande dans la réserve, s'assura que rien de comestible n'y demeurait à part cela. Ensuite, il passa la tête au-dehors, appela Trois-Pattes, et revint dans la hutte.

Kleg, couché près du feu, renifla du côté du passage entre hutte et réserve. Il avait senti la viande. En riant, Asak le gronda pour sa voracité. Il boucha le passage avec de grosses branches-à-torches. Kleg n'insista pas. Il se coucha près du feu, la queue enroulée autour du corps, le museau sur les pattes.

Asak attendit un long moment près de la barrière qu'il venait de dresser. Enfin, un frôlement parvint à ses oreilles. Quelqu'un entrait dans la cabane, venant de la pluie. Quelqu'un qui avait trouvé la viande, à en juger par les bruits de mastication qui suivirent. Kleg s'était levé, gémissait derrière le Hud. Celui-ci, avec précaution, déplaça les branches qui bouchaient le trou. Le chacal jaune s'élança vers la cabane. On entendit d'abord les grognements de Trois-Pattes qui défendait sa pitance, puis des jappements d'amitié. Il fallait que Kleg reste avec *toli* dans la cabane, pour le rassurer. Cette fois, Asak établit solidement les branches devant le trou, les cala avec des pierres. Kleg ne pourrait pas revenir dans la hutte. Il devrait renoncer au feu, et à l'amicale présence de l'homme.

Asak se recoucha. Les chacals grognèrent un peu l'un contre l'autre dans la réserve, ce qui confirmait leur présence. La pluie, qui avait un peu diminué d'intensité, reprit de plus belle.

« *Oa !* dit Asak en se glissant sous sa couverture. Les chacals sont malins ! Ils dorment au chaud ! »

Cette fois, il glissa dans un sommeil sans rêves.

Chapitre 9

La chasse et le hasard

Le bel été déployait ses couleurs. La saison des pluies énormes passa vite, suivie par une période d'averses, de brouillards et de brume. Les soleils successifs, de plus en plus vifs, réchauffaient jusqu'au cœur la Terre-de-l'Eau.

Asak différa le plus longtemps possible son départ en expédition. La vie lui semblait si bonne, tandis que les pièges regorgeaient de gibier et que l'œil du lapin se montrait dans chaque trou d'arbre ! Les oiseaux chantaient, les écureuils sautaient de branche en branche. Chaque journée offrait bien des plaisirs et peu de peine. Partir, ce serait courir une aventure dangereuse. « Demain », disait le Hud, faisant de la main le demi-cercle que parcourent les soleils.

Demain. En attendant, il jouait avec Kleg, totalement apprivoisé, qui couchait dans la hutte et suivait son Père à la chasse. Car, le garçon en était sûr, Kleg le prenait pour son Père-Maître, comme le sont pour les hommes le Soleil et le Fleuve. Les yeux du chacal, quand il regardait Asak, montraient plus que de l'amitié : de l'adoration. Pour plaire, il apprenait des tours que lui enseignait le garçon. Ainsi, il remuait la queue quand Asak bougeait la main de côté et d'autre en le regardant. Il connaissait le sens des mots : *Aha,* viens ! et *Oto*, va-t'en ! Quand Asak disait *Am*, même à voix basse et en tournant le dos, le Jaune accourait en glapissant de joie : manger !

Le comportement de *toli* restait différent, digne d'un chef. Trois-Pattes refusait toujours d'entrer en familiarité avec l'homme. Certes, les deux compères, après les pluies, avaient établi leur terrier dans la réserve, contre la hutte. Jamais pourtant Asak n'y surprit *toli*, quand il ouvrait le matin le trou de communication avec la cabane. Dès que le Hud s'éveillait, quittait sa couche, ses oreilles percevaient un bruissement furtif : *toli* se glissait dehors. Kleg se jetait au-devant de son maître, lui léchait la figure, se faisait caresser les oreilles, le dos. Il se roulait par terre pour se laisser gratter le ventre. Assis non loin de la cabane, près du feu extérieur rallumé tous les soirs, Trois-Pattes considérait d'un air désapprobateur le comportement de son fils. Il grognait, excédé par ces « câlins » indignes d'un *tol* libre, et gagnait majestueusement la place-de-nourriture. Là, il poussait un cri bref : les jeux avaient assez duré. L'homme-ami devait apporter de quoi manger, pour mériter l'honneur que lui faisaient les *tol* en le supportant.

C'est ainsi du moins qu'Asak interprétait l'attitude de *toli* : celui-ci se résignait à l'attachement de Kleg pour la bête-à-deux-pattes. Cette dernière devait en retour le vivre et le couvert à ses protégés.

La présence de ces animaux, l'affection de l'un, la dignité de l'autre, rendaient supportable et même agréable la solitude d'Asak. Sans qu'il s'en rendît compte, le garçon avait grandi, devenait adulte. Sa dextérité au maniement de l'arc, qu'il pratiquait chaque jour sans pluie, devenait maîtrise absolue. Même Akari n'aurait jamais pu, comme Asak s'entraînait à le faire, se retourner et lâcher une flèche derrière lui d'un seul mouvement. Ses tirs et ses lancers ne manquaient presque jamais leur but. Si cela arrivait, le garçon s'obligeait à tirer et toucher une cible minuscule autant de fois à la suite qu'il y a de doigts dans une main.

Ce fut l'orage qui donna le signal du départ, qui sonna la fin de la vie douce et du repos. Un formidable orage qui éclata un jour à l'aube, presque sans pluie. Les grondements du tonnerre réveillèrent Asak, qui sortit de la hutte. Tout le ciel s'embrasait d'éclairs pareils à des rameaux de feu. Les nuages furieux, dont l'affrontement produisait ces flammes, ne couvraient pourtant pas tout le ciel. Ils laissaient libre et pur le soleil de l'aurore.

Comment ne pas interpréter comme un signe ce double phénomène contradictoire : éclairs de ce côté, ciel de beau temps par là ? Asak n'avait pas bonne conscience, à force de flâner et de ne rien faire. Il courba le front, mit son poing derrière sa tête :

« *Oa,* dit-il. Akari a ordonné. Le Père Soleil commande. Asak va partir pour le territoire des loups. »

L'orage passa comme il était venu, mais la décision restait prise. Un seul doute, mais d'importance, demeurait dans le cœur du garçon : les *tol* suivraient-ils cette fois, dans le long voyage ? Il s'éloignerait, peut-être pour toujours, de la hutte, de la source, de la prairie. La première fois qu'Akari et lui-même s'en étaient allés, les chacals avaient refusé de les accompagner. Il est vrai qu'alors Asak les nourrissait seulement de déchets, comme les hommes du village le faisaient pour leurs propres *tol*, de l'autre côté de l'Eau Folle. Depuis, tant de choses s'étaient passées qui avaient scellé l'amitié ! Le départ briserait-il ces liens ?

Pour s'en assurer, Asak décida de disjoindre l'expédition véritable — chasse au cerf, aux loups, construction du radeau — de ses obligatoires préliminaires. Ceux-ci consistaient en un voyage moins long, moins périlleux, vers l'endroit où les Gens du Fleuve s'étaient échoués, où leurs os avaient blanchi. Il fallait examiner avec soin la structure de leur embarcation pour en établir une copie. Le Hud expliqua ses plans aux chacals. Il avait l'habitude de leur parler de tout, comme à des hommes, et seul le Grand Vent savait ce qu'ils en comprenaient en fin de compte. Il fit un discours :

« *Oa, tol !* cria-t-il. Asak s'en va vers le campement des Gens du Fleuve, sur cette rive-là. Après, il reviendra ici. Demain après, il s'en ira sur cette rive-ci, tuer le cerf, éloigner les loups. Venez avec lui, *aha*, venir aussi ! Marcher ! »

Kleg entendit *aha !* et accourut en gambadant. Il reçut un coup de pied dans les côtes et glapit. Trois-Pattes, de loin, approuva cette réprimande, d'un aboiement sec.

Non, les bêtes ne savent pas les paroles, mais elles connaissent les intentions. Tandis qu'Asak fermait la hutte pour le premier voyage, suspendant les peaux, les bottes de flèches, entassant des bâtons et des pierres-à-feu de réserve, Kleg gémit lamentablement. Il comprenait que le Père allait partir plus loin que pour une chasse ordinaire. Quand le Hud eut foulé la dernière pierre et se retourna, portant toutes ses armes et les meilleurs de ses outils, Kleg rejoignit *toli* à la place-de-nourriture, et hurla tristement sa douleur. A sa grande surprise, Trois-Pattes l'imita.

« Les *tol* sont stupides ! cria le Hud. Asak ne les abandonne pas. Qu'ils viennent avec lui ! »

Il avait pris soin de ne pas les nourrir ce matin-là, mais emportait de la nourriture fraîche pour eux. Son idée était de s'arrêter au bout d'une courte marche, de les tenter avec de la nourriture, de repartir plus loin, de les appâter de nouveau. Ainsi, une fois déjà, *toli* avait-il suivi la trace de la viande.

Asak partit. Il tourna bientôt la tête, et vit les deux *tol* assis à la même place, hurlant toujours leur chant de désespoir. Il se força à marcher un bon moment, à se mettre hors de vue.

« *Aha !* cria-t-il alors. *Aha !* »

Quand il eut crié, il posa son arc sur le sol, s'apprêta à prendre les lapins pendus dans son dos, à en placer quelques morceaux par terre.

Il n'en eut pas le temps. Une tache jaune

surgissait de l'horizon : Kleg, accourant de toute la force de ses pattes. Trois-Pattes, sans doute surpris par la vitesse avec laquelle Bébé Jaune s'était élancé, courait derrière lui. A la vue d'Asak, Kleg ralentit un peu. *Toli* vint à sa hauteur, et le mordit à l'épaule. Depuis quand les jeunes devancent-ils leurs aînés ? Il trotta devant, s'arrêta non loin de l'homme, et permit à Kleg de se jeter sur son Père-Maître, avec des gémissements de plaisir.

« *Oa !* grondait Asak, tandis que le jeune chacal se mettait debout sur ses pattes de derrière pour lui lécher la figure. A bas, couché ! Enfant fou ! »

Pour finir, il céda à tant de tendresse. Kleg n'avait même pas demandé à manger avant de prodiguer ses caresses. Ému et joyeux, le Hud alla d'abord jeter cérémonieusement sa pitance à *toli*, qui la reçut en grognant. Il nourrit ensuite le Jaune.

« *Oa*, dit-il. Les *tol* ont cru qu'Asak les abandonnait ! *Aha* ! Qu'ils viennent avec lui ! »

Il se remit en marche. Kleg modelait son allure sur la sienne. Parfois, il le regardait de côté, le cou tordu, la langue pendante. Trois-Pattes, de son allure sautillante, marchait en arrière-garde, à la fois présent et hors de portée.

Ils marchèrent ainsi de compagnie toute

la matinée. D'abord inquiet à leur sujet, persuadé qu'ils allaient s'arrêter, revenir à la hutte, Asak se rassurait peu à peu. Les *tol* le suivaient pas à pas. Ils liaient leur sort au sien. Il en avait fait des compagnons fidèles, des amis, l'un à sa façon démonstrative et désordonnée, l'autre sans se départir de sa réserve. Ce n'était donc pas pour rien qu'Asak avait soigné la Beige et préparé pour elle une sépulture décente. Les nourrir tout au long de l'hiver, les sauver de la pluie, les abriter dans la cabane suffit à combattre et à réduire des préjugés ancestraux. Asak avait su faire naître chez cet animal infirme et chez ce *tol* encore tout jeune le lien très fort et très noble qui unit le père au fils, le frère au frère de sang : la confiance. Asak comprenait tout cela dans son cœur, et sa poitrine s'emplissait de joie.

Comme ils ne perdaient pas de temps en explorations ni en marches de reconnaissance, la journée suffit pour le voyage. Suivant le bord de la Terre-de-l'Eau, ils arrivèrent au crépuscule devant les restes délabrés de l'antique radeau. En route, Asak avait tué des oiseaux. Il mit à terre son harnachement, choisissant l'ancien campement des naufragés : un lieu clos de trois côtés, comme il se doit. Le Hud ramassa du bois, en grande quantité. L'air était doux et même chaud, mais le quatrième côté du campement

Ils marchèrent ainsi de compagnie toute la matinée...

devait être gardé par un feu. Sans entamer sa provision de mousse sèche, Asak frappa la pierre-à-étincelles contre la pierre rouge. Des brindilles s'enflammèrent, puis des rameaux entiers. Kleg suivait le garçon dans tous ses déplacements, le gênant même en se mettant dans ses jambes. Trois-Pattes au contraire resta invisible jusqu'à ce que le feu fût entier. Alors, il s'assit derrière, choisissant pour ce jour-là sa place-de-nourriture.

Pendant plusieurs soleils, Asak étudia le radeau des Gens du Fleuve, sur la berge. Il évitait de le manipuler, car les lianes qui l'assemblaient, devenues cassantes, tombaient en poussière. L'embarcation, à peu près longue comme un homme, était faite de rondins sur lesquels on avait tendu la peau de cerf. Sa quille — puisqu'il faut employer un mot qui ne comportait aucun équivalent en langage hud — sa quille donc comportait d'autres pièces de bois entrecroisées de certaine façon. Cette façon-là fut la plus difficile à comprendre et à retenir. Pour bien s'en souvenir, Asak fabriqua avec de petites branches, une réplique en miniature de cet étrange appareil. Ainsi les jeunes Hudi, dans leurs jeux, s'appliquent-ils à copier les huttes du village en élevant de petites cabanes avec des cailloux et des écorces.

Asak ne s'estima satisfait que lorsqu'il put fabriquer une grossière imitation du radeau en branches vertes, écorcées à la lame-feuille. Chaque détail correspondait à son modèle. Il fit glisser cette contrefaçon dans l'eau du bord, la poussa avec une perche jusqu'à ce que le courant s'en saisisse. La fragile construction fut secouée en tout sens, mais ne chavira pas.

« *Oa !* s'exclama vaniteusement le Hud. Asak sait construire un radeau ! »

Il ramena les *tol* jusqu'à la hutte, qu'il vida cette fois de son contenu. La détruire n'était pas raisonnable. Et si l'aventure tournait mal sans qu'il y perde la vie? Il faudrait revenir, hiverner à nouveau.

Avant de partir pour le territoire des loups, Asak alla inspecter la sépulture d'Akari. Non pour s'y recueillir : cela n'est pas dans la manière des Hudi. Afin de s'assurer que les rochers empilés n'avaient pas été dérangés, et que le chasseur, enseveli selon les usages, ne serait pas déterré par les charognards.

Toujours pour prévoir un improbable retour, Asak emplit de bois mort la réserve et la défendit par des pierres empilées. Il dormit. Le matin suivant, après avoir salué le Père Soleil dès son apparition, il se mit en route, chargé de ses armes et de ses outils. Kleg gambadait devant lui, Trois-Pattes fermait la marche. Le Hud ne se hâtait pas. Il voulait ménager ses forces. Lui et ses *tol* arrivèrent dans l'après-midi au ruisseau, près de la tombe de la Beige. Asak établit le camp au même endroit que la fois précédente, alluma un petit feu de protection, déroula couverture et vêtement de peaux pour s'en faire une couche. La Mère Lune, qui met des nuits et des nuits à se montrer en entier hors de sa hutte, parut tout entière. C'était un bon présage. Asak la salua de son mieux. Selon le Sorcier, Mère Lune est très puissante. Il convient de la révérer.

★

Ils cheminaient, suivant la rive de la Terre-de-l'Eau où Asak s'était échoué, trois saisons plus tôt. Le garçon restait près de la berge. A la première alerte, il se débarrasserait de tous ses bagages et entrerait dans l'eau, ne gardant que son arc de grande chasse et ses flèches dures.

Rien de dangereux ne sortit des bois. De toute la journée, Asak ne vit que des troupes d'oiseaux querelleurs et des animaux inoffensifs. Il avait mangé des truites le matin, et nourri les *tol*. Ainsi n'aurait-il pas à chasser pendant le voyage. Il se souvenait que la route était longue, mais quand il la parcourait dans l'autre sens, c'était en soutenant son père gravement blessé. Cela lui donna une appréciation inexacte des distances. Plus tôt qu'il ne s'y attendait, un monticule de terre et de rocs apparut sur sa droite : le surplomb où se trouvait la caverne des ours.

Asak se contenta de brandir son arc, défiant les tueurs de son père : qu'ils sortent à découvert, s'ils l'osaient !

Après cet acte de pure vantardise, le Hud continua sa marche. Il reconnut enfin ce cap du rivage délimitant une anse, et les grands rochers baignant dans l'eau tranquille. Akari et lui-même avaient dormi sur le plus grand d'entre eux. C'est de là que le chef était parti pour affronter les loups. Asak décida d'y passer la nuit. Il serait même possible, par ce beau temps, d'en faire son camp de chasse, à condition que ce rocher-dans-l'eau demeure inaccessible aux rôdeurs à quatre pattes. Allumer du feu, désormais, ce serait effrayer le gros gibier, et prolonger sans fin l'expédition. Il faudrait se passer de feu.

Soudain, Asak éclata de rire : les *tol* allaient le renseigner ! Il mit les bagages sur sa tête et traversa le bras mort jusqu'au rocher. L'eau lui venait à la poitrine. D'une forte traction, le Hud se hissa sur la large roche en pente légère.

« *Aha !* » cria-t-il dès qu'il fut debout.

Sur la rive, Kleg courut un moment de-ci de-là, puis se précipita dans l'eau, nageant vers son maître. Hélas ! il apparut bientôt qu'il ne pouvait escalader le roc. Ses pattes glissaient, il allait se noyer. Asak le repêcha. Assis sur la berge, *toli* regardait avec mépris ces extravagances. Kleg secoua l'eau de son pelage, éclaboussant Asak qui riait :

« *Oa !* dit-il. Où le chacal ne vient pas, le loup ne peut aller ! »

Il décida donc de se servir de la roche comme camp de base. Faisant plusieurs voyages vers la terre ferme, il en rapporta des branches et des pierres, avec lesquelles il protégea et assura ses biens : peaux, bottes de flèches, burins, poinçons et grattoirs. Tout cela avait été bien lourd à transporter, mais serait utile en son temps.

La nuit était encore loin. Le Hud décida donc de commencer sa quête. Il allait chasser des nourritures qui se mangent crues, et en même temps, chercher des pistes. Il se dirigea vers l'endroit où Akari avait combattu. Non loin de là gisaient les ossements du cerf tué par les loups. Les charognards de toute sorte avaient bien fait leur travail, mais Asak poussa un grand cri de joie : la ramure, les cornes de la bête demeuraient intactes. Le meilleur bois qui soit pour faire un harpon ! Il détacha le trophée entier avec la lame-feuille et, s'étant remis à l'eau, transporta ce précieux butin sur le rocher immergé.

A nouveau, il s'en fut, cette fois vers les herbes où la pluie s'accumule et attire les escargots. Il espérait en trouver quelques-uns, et fut heureux d'en faire une très grande récolte en peu de temps. Il tua deux lapins et un oiseau blanc à longues ailes. Reconnaissant certaines plantes, il déterra leurs racines comestibles. Le chasseur sans feu doit agrémenter sa viande crue de friandises.

La quête des pistes de cerf ne pouvait être poursuivie, car le crépuscule venait. La prudence commandait de regagner le rocher entouré d'eau. Cette fois, Kleg nagea près de son Père-Maître et sa confiance toucha le Hud. La bête s'aventurait à coup sûr, certaine qu'on la hisserait là où elle ne pouvait monter.

« Asak est le père de Kleg ! dit le garçon. Il l'aidera ! »

Ainsi fut fait. *Toli,* qui refusait de quitter la berge, reçut un lapin pour pitance. Sur le rocher, Kleg mangea l'autre. Asak se régala d'escargots et de racines tendres. Il pluma et vida l'oiseau, le plaça sous des pierres, pour éviter au Jaune la tentation de le voler. La viande, si on la mange crue, doit attendre un peu pour prendre du goût.

La nuit tomba sans qu'aucun cerf vînt boire au bord du fleuve, comme Asak l'avait vaguement espéré. Mère Lune parut. Assis sur le haut bord du rocher, le plus éloigné du rivage, le Hud écoutait le vacarme de l'Eau Folle, la regardait scintiller et tourbillonner dans l'étrange lumière lunaire. Oserait-il vraiment la défier ?

« Akari a parlé, dit-il enfin. Asak obéira ! »

Pour regarder le fleuve, il s'était couché sur le ventre. Soudain, il se dressa sur un coude, puis sauta sur ses pieds. Là-bas, en face, dans la masse noire et confuse de l'autre rive, un feu venait de s'allumer. Pas un incendie, mais un foyer en rond, comme en font les hommes. Le feu du village hud, de son village !

Alors Asak ressentit la profondeur de sa solitude, le besoin qu'il avait de revenir chez les siens. Mieux vaut mourir en essayant de regagner la terre originelle que vivre si près et si loin d'elle, regardant au milieu des ténèbres le feu de son peuple.

Un museau froid heurta à plusieurs reprises le bras d'Asak. Il caressa la tête de Kleg derrière les oreilles.

« Toi aussi tu viendras chez les Hudi, affirma-t-il. Et Trois-Pattes, s'il n'est pas fou ! »

★

La Terre-de-l'Eau, en cette partie, était vaste et touffue. Pour trouver ce qu'il cherchait, Asak dut pénétrer de plus en plus profondément sous le couvert des arbres. Il ne se risquait qu'en plein jour, avec précaution, étudiant les pistes. Deux préoccupations contradictoires guidaient ses recherches : il devait trouver un cerf, mais éviter d'attirer les loups.

Pour finir, il s'aperçut qu'il devenait trop long et incommode de revenir chaque soir sur la berge, de barboter jusqu'à son rocher. Mais où trouver un refuge nocturne en cette forêt dangereuse ? Il décida de dormir dans un arbre, comme il arrivait aux Hudi de le faire en chasse éloignée. Asak trouva, près d'une mare alimentée par une source, un grand pin solitaire qui convenait à ses projets. Il avait vu et reniflé autour de cette eau les traces d'animaux inconnus. Aucun d'entre eux n'était le loup, dont il connaissait l'odeur, et qui aurait signalé son passage en laissant des poils rudes dans les épineux du bord.

L'isolement de l'arbre lui convenait. Un lynx passait de branche à branche dans un bosquet. Ici, il devrait grimper depuis le sol, ce qui donnerait au Hud le temps de se défendre. Il s'attacha au tronc, chevauchant une grosse branche à mi-hauteur du pin. Au-dessous de lui, il disposa des lianes auxquelles pendaient des cailloux. Si le lynx montait, il romprait les lianes, les pierres tomberaient, le bruit alerterait le chasseur endormi.

Ce furent les oiseaux qui le réveillèrent. D'abord, l'étrangeté du lieu où il se trouvait déconcerta Asak. En dormant, il avait glissé, retenu au tronc par un lien, mais déporté sur le côté. Il vit d'abord le sol sous lui, sentit la morsure de la liane sur ses côtes, et se souvint. Avec une grimace de douleur, il reprit sa position initiale.

Alors, la mare et la source entrèrent dans son champ de vision. Une biche et un cerf étaient en train d'y boire.

L'arc d'Asak, son étui à flèches en peau de lapin se trouvaient à sa portée. Avec une grimace de douleur, car l'humidité de la nuit avait raidi ses muscles, le garçon saisit l'arc accroché devant lui, fit mine d'engager une flèche...

Il pouvait, à cette distance, tuer le cerf

Une biche et un cerf...

ou la biche à coup sûr, d'une flèche entre poitrine et patte. Mais ensuite ? L'odeur du sang attirerait les carnassiers. La mare se trouvait trop loin du rivage pour qu'Asak puisse traîner le cerf mort sans risquer d'être attaqué en route.

Le temps de réfléchir, de peser la question, et les deux animaux désaltérés s'enfuyaient gracieusement. Mécontent de soi, Asak se laissa glisser. Il brisa les lianes, fit tomber les pierres disposées comme signal d'alerte, sauta sur le sol. Comme jailli de nulle part, Kleg fut aussitôt près de lui. Le Hud lui donna un coup de pied, puis se repentit de l'avoir fait. Était-ce la faute du Jaune si Asak n'avait pu rabattre le cerf ?

Rabattre ! En langue hud, cela se dit en ramenant les deux mains vers la poitrine, puis en les poussant vivement en avant. Un chasseur guette dans l'arbre. Plusieurs autres rabattent la proie. Le dernier, qui attend au bout de la battue, n'a plus qu'à viser la cible qui accourt.

Tout en se mouvant avec précaution, évitant les endroits propices à une embuscade, Asak revint jusqu'au rivage. Kleg avait rejoint Trois-Pattes. Depuis que l'homme traquait, les chacals ne le dérangeaient pas. Les animaux sauvages connaissent les lois de la chasse : silence, prudence, méfiance.

A la lisière du bois, Asak relâcha son attention de tous les instants. Il ramassa des escargots, tua du gibier et nourrit généreusement les *tol*. Il ne s'en voulait plus d'avoir laissé échapper le cerf et la biche. Un garçon tout seul ne peut à la fois guetter, rabattre et attendre de pied ferme le gibier rabattu.

« Je vais guetter d'abord, rabattre ensuite, tuer enfin ! » décida Asak. Son plan, pour simple qu'il parût, comportait une interrogation. Les loups s'en mêleraient-ils ? Guetter près de la mare avant l'aube, effrayer et chasser le cerf du côté du fleuve, l'abattre en terrain découvert, le Hud pensait pouvoir le faire. Mais qu'adviendrait-il si la famille des loups le poursuivait lui-même à son tour ? Asak leva les bras, implorant le Père Soleil, qui garde les chasseurs. Il prendrait la chance.

Toute la journée et tard dans la nuit, il dormit sur le rocher-dans-l'eau, restaurant ses forces. Bien avant l'aube, il était en route dans la forêt, ne portant que l'arc à deux courbes, les flèches dures, le poignard-feuille lié à sa cuisse. Arrivé près de la mare, il sentit avec satisfaction le vent souffler contre lui, et se cacha derrière le pin solitaire.

Le soleil darda ses premiers rayons. Le cerf et la biche parurent. Dès que leur museau fut dans l'eau, Asak sortit de sa cachette et courut vers eux en gesticulant. Il leur coupa la retraite, les incitant à fuir par le chemin que lui-même avait pris en venant. La biche refusa de se laisser intimider, et disparut. Le cerf au contraire obéit aux cris du rabatteur, et se précipita dans la direction que souhaitait Asak. La moitié du travail était fait. Sitôt qu'elle sortirait du bois, la bête crochèterait à droite ou à gauche. Il suffisait que le chasseur fût assez près d'elle pour l'abattre d'une flèche sûre.

Suivre un cerf à la course n'appartient

qu'aux meilleurs. Mais Asak fils d'Akari, au corps entraîné par les durs travaux solitaires, était supérieur aux meilleurs. Battant les buissons, poussant des cris, il poursuivait la bête effrayée, à vingt pas derrière elle, sans perdre de terrain.

Le danger cependant était partout. Courant et criant, Asak ne pouvait se garantir contre une attaque. Sa seule défense résidait dans le bruit qu'il faisait, dans les cris qu'il poussait. A plusieurs reprises, le cerf voulut changer de direction. Son poursuivant ne lui en laissa pas le loisir. Les poumons d'Asak brûlaient, son souffle devenait court, ses cris moins puissants. Il devinait pourtant, entre les arbres, l'étendue pierreuse qui précédait le rivage. La partie était presque gagnée.

Le cerf émergea dans la prairie, fit mouvement pour esquisser un demi-tour. Asak arrivait, écrasant les buissons, trouvant au fond de lui-même d'autres cris. Un animal plus vieux, plus expérimenté, aurait refusé de quitter la forêt. Ce cerf-là, ses maigres cornes le prouvaient, était jeune. Affolé, il courut droit devant lui, à découvert.

A ce moment, un concert de glapissements épouvantables retentit derrière Asak. Les *tol* ! Les *tol* aux prises avec un danger qui leur tirait des cris d'épouvante. Des cris d'avertissement pour le chasseur.

Sans se désunir, sans perdre la tête, Asak

engagea une flèche, s'arrêta une seconde, et visa le jarret du cerf. Tandis que le trait volait encore, le jeune Hud en engageait un autre sur la corde, se retournait, voyait les deux loups sortir du bois. Ces mauvais chasseurs auraient triomphé, s'ils étaient accourus de toute leur vitesse. Mais ils couraient mollement, évaluant leur ennemi. La seconde flèche se planta dans la gorge du plus gros. La troisième, dans la poitrine de l'autre. Ils tombèrent. Asak courait déjà derrière le cerf qui boitait, le jarret transpercé. Au lieu de s'arrêter pour viser, le garçon profita du désavantage de la bête, la dépassa à la course. Tout courant, il tendit son arc une fois, deux fois. Le cerf ne put même pas bramer avant de mourir. La dernière flèche d'Asak le foudroya sur place.

Le Hud reprenait son souffle avec des rauquements. Il ne comprenait pas encore la grandeur de l'exploit qu'il venait d'accomplir : deux loups et un cerf en cinq flèches, à la course ! Plus tard, il se répéterait à loisir tout ce qu'il avait fait d'instinct en si peu de temps, après la folle battue. Il en tirerait de l'orgueil. S'il revoyait les hommes, il raconterait cette prouesse et serait admiré, envié. Personne n'imaginerait qu'il eût inventé cette chasse, ou qu'il exagérait ses exploits : les Hudi ignorent le mensonge, et seuls les lâches se vantent.

Le souffle d'Asak s'apaisait. Il vit le cerf mort, se souvint des loups, et aurait dû crier de joie. Il céda d'abord à l'inquiétude : «*Aha !*» cria-t-il vers la forêt.

Trois-Pattes accourait de sa démarche sautillante, Kleg bondissait derrière lui. Ils avaient signalé les loups, puis leur avaient échappé ! Cette fois, Asak hurla de bonheur, saisit Kleg, le souleva de terre. Le Jaune se tortilla et lui lécha le nez. *Toli*, assis près du cerf abattu, grogna de contrariété. Tant de façons pour si peu de chose !

★

Un mois plus tard, Asak se remettait en route, remontant la rive. Sans doute le mois le plus exténuant et le plus dangereux qu'il eût passé sur la Terre-de-l'Eau.

D'abord, il avait tiré le cadavre du cerf encore chaud jusqu'au bord du fleuve, non loin de son rocher-abri. Traîner un poids pareil sur une longue distance l'avait épuisé. Pourtant, il s'était mis tout de suite à dépouiller la bête. Là encore, sa solitude fut cause d'un surcroît de travail. Écorcher un cerf, surtout jeune, c'est tâche facile pour quatre ou cinq hommes expérimentés. Mais un seul, pourvu d'outils insuffisants ! L'expérience ne manquait pas à Asak. Depuis son enfance, il aidait les autres à dépouiller les animaux de toute taille, pour la peau et le poil. Cette fois, il lui fallait accomplir cette besogne sans aide, assez vite pour ne pas détériorer le cuir.

Il en vint à bout. La peau, convenablement grattée, passée au sable, séchait sur le rocher-abri. Sur la berge, la charogne commençait à puer. D'abord source de nourriture exquise pour Asak et ses *tol*, elle dégageait, sous la forte chaleur humide, une odeur insupportable. La transporter, il n'y fallait pas songer en l'état où elle se trouvait. Asak laissa donc la peau sur le rocher, où elle finirait de sécher. Lui-même prit ses quartiers de l'autre côté de l'anse, à l'entrée du bras mort. Il emporta avec lui ses armes et seulement deux peaux : celles des loups qu'il avait tués. Bien souvent, l'année précédente, un regret lui était venu, en songeant aux victimes d'Akari, lynx et loup, qu'il abandonna sans prendre leur fourrure. Les charognards en avaient fait bon marché. Or, rien de plus glorieux pour un Hud qu'une dépouille de loup. Chacun respecte celui qui s'en pare.

Chaque soir, Asak allumait un grand feu au bout de la petite presqu'île où il dormait maintenant. Kleg et même *toli* profitaient de cette protection. L'endroit n'était pas sûr. A plusieurs reprises, cherchant du bois pour construire le radeau, le Hud avait aperçu des mouvements inquiétants dans le sous-bois. Des loups? On pouvait au moins le supposer. De tels chasseurs ne se laissent voir que lorsqu'ils attaquent.

Où étaient les jours paisibles de la hutte? Asak se réveillait plusieurs fois durant la nuit pour recharger le feu. Le moindre grognement des chacals le trouvait debout, l'arme brandie, surveillant les flammes. A plusieurs reprises, il en était sûr, des yeux inquiétants avaient brillé dans l'ombre mouvante, derrière le feu.

La chasse ni la pêche ne posaient de difficultés, ni le fructueux ramassage des escargots. La fatigue due au permanent état d'alerte s'aggravait pourtant d'une inquiétude : la construction du radeau n'avançait pas. Aller couper des branches dans les bois aurait été folie. Un tel travail accapare l'attention, et laisse le bûcheron à la merci d'une attaque des fauves. Asak se souvint d'un bosquet qu'il avait remarqué lors de ses deux voyages le long de cette rive. Beaucoup d'arbres jeunes et élancés, au tronc encore frêle : exactement ce qui conviendrait pour son radeau. Sa décision fut prise. Il remonterait le long du rivage, abattrait et débiterait les jeunes arbres, les ramènerait dans un traîneau fait de deux perches et d'un berceau de lianes.

Car c'était bien de cette anse morte qu'il fallait partir pour gagner la rive opposée avec le plus de chances possible ! De nombreuses observations en persuadèrent Asak. Assis ou allongé sur le rocher-dans-l'eau, il observait les corps morts, arbres et buissons, qui descendaient l'Eau Folle. Un vif courant prenant naissance à cet endroit les entraînait invariablement vers l'autre bord. Le Père Fleuve se trouvait ainsi parcouru de forces invisibles et contradictoires. Par chance, quand ils tombèrent de la falaise, Akari et son fils furent emportés par un courant dirigé *vers* la Terre-de-l'Eau. Ici, devant l'anse, un flux contraire apparaissait. Pour s'en assurer, Asak jeta plusieurs fois des branches, et les poussa au bord du bras mort, là où commençait l'Eau Folle : ils dérivaient de travers, suivant le fil de l'eau, mais en se rapprochant de la rive des Hudi.

« *Oa*, conclut Asak. Le radeau sera construit ici ! »

Il partit un matin. Sur la roche-dans-l'eau demeura la peau de cerf qui séchait encore, sa couverture, son vêtement d'hiver, bâtons et pierres-à-feu, provision de viande conservée, cachée sous des pierres. Il se mit en route, précédé de Kleg, son inséparable ami, et suivi par *toli*, son compagnon toujours de mauvaise humeur entre les repas.

Le bosquet d'arbres jeunes se trouvait à un demi-soleil de marche. Près de lui, un roc élevé offrait un refuge pour la nuit : pointu et incommode, mais à l'abri de toute surprise. Ce furent de dures journées de travail. Avec les éclats de silex qu'il avait apportés, le Hud coupa les jeunes arbres et les débita. Ayant tué le cerf, il ne craignait plus de faire connaître sa présence aux bêtes des bois ; au contraire. Ainsi lui et les *tol* mangeaient-ils la viande grillée. Les escargots ne manquaient pas, mais les chacals dédaignaient cette nourriture exquise : un *tol* peut devenir un ami, il ne saura jamais parler ni rire, ni se régaler d'escargots.

Bientôt, Asak eut coupé plus de bûches droites qu'il ne lui en fallait. Il abattit encore deux jeunes arbres pour faire des perches, tressa des lianes entre elles, et y empila le bois coupé. Le fardeau était bien lourd à traîner sur le sol inégal. Pour revenir à la roche-dans-l'eau, il fallut une journée pleine, marquée de nombreux arrêts. Ce fut avec un grand soulagement qu'Asak découvrit enfin le cap qui bornait l'eau morte : la fin de ce pénible voyage de retour.

Un peu plus tard, il laissait tomber ses perches, abandonnait son bois, se mettait à courir. Quelque chose de nouveau dérangeait le paysage familier. Un gros arbre, accouplé par la base à un autre plus petit, avait été déraciné par le courant quelque part le long du fleuve. Cet énorme appareil végétal s'était échoué, en l'absence d'Asak, contre son rocher-dans-l'eau. Pris d'un mauvais pressentiment, le Hud courait de toutes ses forces, l'arc prêt.

Les deux arbres accolés, dont le feuillage traînait dans l'eau, avaient coincé leurs racines contre le rocher-abri. Pataugeant, Asak les contourna, et se hissa sur ce qui avait été un refuge sûr. Les arbres, servant de pont, permettaient le passage vers le roc immergé. Les charognards, les voleurs étaient venus par là ! Ils avaient éparpillé les pierres, pillé la nourriture, emporté la peau de cerf encore assez fraîche pour rester comestible. Sans doute attirés par l'odeur de lapin, ils s'étaient aussi intéressés aux peaux cousues. Le vêtement d'hiver avait disparu. La couverture n'était pas loin, échouée sur une autre roche. Tout était perdu, à refaire. Seuls restaient intacts la ramure du cerf, les outils, les flèches de réserve.

Asak s'assit sur ses talons, et songea. Détruit par le hasard, le produit de sa brillante chasse et de son travail avait disparu. Tant d'efforts pour rien ! Il faudrait tout recommencer. Tuer un autre cerf, alors que les cerfs se méfiaient désormais de l'homme. Affronter les loups qui se montreraient plus rusés, donc plus redoutables... Le Hud caressa la tête de Kleg posée sur son genou. Des pensées amères le submergeaient. Il avait promis à Akari. Coûte que coûte, avant l'hiver, il faudrait construire un radeau, le faire partir d'ici même.

Soudain, d'un élan qui effraya Kleg, le Hud se mit debout, en proie à une vive agitation. Une idée lui venait, une idée lumineuse ! Beaucoup de travail et de peine pour rien, soit. N'est-ce pas le lot habituel des hommes ? Mais il arrive que, rentrant bredouille de la chasse au lapin, le hasard tourne, et présente un meilleur gibier à la flèche du chasseur. Asak sautait et criait, tandis que Kleg bondissait autour de lui, prêt à partager cette joie soudaine.

« Un radeau ! s'écria le Hud en montrant les arbres échoués. Le Père Fleuve a donné à Asak un radeau tout fait ! »

Chapitre 10

Le retour et le commencement

L'arbre double était accroché par son bloc de racines aux aspérités du rocher-dans-l'eau. L'en dégager serait au-dessus des forces d'un homme. Asak en revanche s'était aperçu que la masse du feuillage, à demi immergée, pouvait pivoter dans l'anse tranquille. Il se garda pourtant de pousser cet enchevêtrement végétal loin de sa position première : les arbres jumeaux se seraient détachés du rocher, et ce providentiel radeau naturel serait parti au fil de l'Eau Folle.

Or, Asak l'avait décidé, l'arbre double ne s'en irait qu'en l'emmenant, lui et ses *tol*, vers l'autre rive du Père Fleuve, ou vers la mort.

Depuis qu'il restait seul, Akari disparu, le garçon ne manquait jamais de réfléchir sur les décisions à prendre. Ailleurs, les chasseurs hudi palabrent devant le feu du soir. Ils évoquent ensemble ce qui concerne le bien de tous : les expéditions lointaines, le début de la cueillette, l'état des provisions. Exilé solitaire, Asak discutait avec lui-même. Ainsi deviendrait-il, s'il survivait, un homme sage parmi les siens. Les irréfléchis attendent l'avis des autres, ou bien agissent étourdiment. Les avisés pèsent leurs résolutions.

Ainsi jugea-t-il bon de s'aventurer sur l'arbre double. Kleg suivrait son Père-Maître, avec cette confiance que dispense l'amitié. Mais comment emmener *toli* ? L'abandonner, le Hud ne pouvait s'y résoudre et conclut qu'il faudrait l'emmener de force. Un matin, il guida les *tol* vers le squelette d'un arbre brûlé, au bout de l'anse. Sous son bras se trouvait un filet, tressé avec plus de patience que de savoir-faire. Asak grimpa sur l'arbre mort, et jeta sur le sol de la bonne viande pour les chacals. Kleg se jeta dessus. *Toli*, voyant l'homme perché, consentit à manger à son tour. Le filet tombé de l'arbre l'enveloppa aussitôt, tiré vers le haut par une liane qui en fit un sac. Glapissant sa colère, Trois-Pattes était pris. Redoutant ses dents aiguës, Asak entoura le sac avec la couverture en peaux de lapin, qu'il avait repêchée.

Le même matin, le départ hasardeux fut donné. Asak, dans l'eau jusqu'aux épaules, tirait sur l'extrémité du lourd feuillage pour amener les racines à se séparer du roc. Il y parvint sans trop de peine. L'épave flottait maintenant dans l'eau morte, à peu de distance du rivage. Sur le gros tronc se tenait Kleg, glapissant tristement devant le sac qui contenait Trois-Pattes. Le bagage du Maître était arrimé à une branche cassée. Peu de chose, en vérité. L'arc, les bonnes flèches, le trophée de cerf, les peaux de loup, ainsi que des pierres-à-feu. Si l'appareil gagnait l'autre rive, il n'en faudrait pas plus pour survivre et se trouver reçu avec honneur.

Asak monta sur l'arbre double, muni d'une perche. Les Gens du Fleuve, chaque Hud le sait, manœuvrent leurs radeaux avec ces longs morceaux de bois. Comment? Il suffisait d'essayer toutes les opérations possibles. Agiter la perche dans l'eau : inefficace. Prendre appui sur le fond : le bâton s'enfonçait dans la vase. Enfin, Asak appuya la perche contre le rocher et poussa. C'était ce qu'il fallait faire. L'arbre double pivota. Le courant de l'Eau Folle saisit l'extrémité du feuillage, puis le happa en entier. Le garçon jeta la perche, et tenta de se dresser pour une exhortation au Père Fleuve. Les mouvements violents du radeau l'en empêchèrent. Il cria sa prière, mais accroupi, cramponné à une branche, Kleg entre les genoux.

L'arbre demeurait ferme sur le fleuve...

La force prodigieuse du courant fit décrire au corps mort un large cercle, avant de l'emporter, racines en avant, dans une folle ruée. D'abord recroquevillé par la peur, Asak osa lever les yeux, regarder les trombes liquides qui l'emportaient. Kleg et Trois-Pattes dans son sac ne bougeaient plus, épouvantés par les hurlements de l'Eau Folle. Le Hud au contraire se rassurait peu à peu : tiré, poussé, ballotté en tous sens, l'arbre double non seulement ne se retournait pas, mais demeurait ferme sur le fleuve qui l'emportait à une vitesse inconcevable.

En fait, Asak avait eu tort de maudire les bêtes qui avaient pillé son camp et volé la peau du cerf. Jamais il n'aurait su construire un radeau aussi sûr que cette épave. Elle possédait toutes les qualités pour résister à l'Eau Folle. S'il n'y avait eu qu'un seul tronc, même énorme, remous et tourbillons l'auraient fait tourner sur lui-même, précipitant l'homme, ses chacals et ses biens. Mais le petit arbre d'appoint servait de balancier à l'autre, le gardant stable en toute occasion. Par ailleurs, la lourde tête de racines empêchait la queue de feuillage immergé de faire basculer l'ensemble.

Par défi, Asak se mit debout sur l'écorce rugueuse, au milieu du grondement et de la fureur de l'eau. Il vit que l'arbre double, comme il l'avait espéré, dérivait sensiblement vers la rive opposée. Or, à l'horizon, le fleuve formait une large courbe : si le radeau de fortune pouvait s'échouer à cet endroit !

L'arbre double en effet fut jeté vers le bord, prit un courant secondaire qui le fit tourner en rond dans une anse pareille à celle qu'il avait quittée de l'autre côté. Le tonnerre du flot devenait lointain, le danger était passé. Sans difficulté aucune, en un temps incroyablement court, Asak et les chacals venaient de traverser l'Eau Folle.

Cette évidence eut du mal à s'imposer à lui. Il avait survécu, il se trouvait tout près de la rive où vivaient les siens. Une sorte d'hébétude le prit, un inexplicable abattement. L'arbre double tournoyait lentement. Des forces sournoises semblaient l'attirer à nouveau vers le courant principal. En état de choc, Asak se trouvait incapable d'accomplir les gestes simples et nécessaires : délivrer *toli*, le jeter à l'eau avec Kleg, gagner le bord avec armes et bagages...

Par bonheur, un courant dérivé jeta le feuillage de l'arbre sur la grève. Ébranlé par la secousse, le garçon reprit ses esprits. Il se secoua, ôta la couverture qui recouvrait le filet emprisonnant Trois-Pattes.

« *Oa !* Nager ! » dit-il.

Kleg redressait les oreilles, se remettait à frétiller. Un coup de pied l'expédia dans l'eau. Tirant le poignard-feuille lié à sa jambe, Asak libéra *toli*. Ce dernier se hérissait, encore épouvanté. Le Hud l'ignora pour l'instant. Il voyait le fond tout proche, et se laissa glisser. L'eau lui venait à peine à la poitrine. Il transporta à terre ses armes et ses trophées de chasse, remonta sur ce bon radeau. *Toli* avait retrouvé la voix : il glapissait son indignation contre le traître qui l'avait emprisonné, puis emporté dans ce voyage d'épouvante.

« *Oa*, nager ! » répéta Asak.

Muni d'un rameau arraché au petit arbre, il s'avança vers *toli*, le forçant à reculer. La bête affolée tenta de faire front, puis glissa et tomba dans l'eau. Nager avec trois pattes? *Toli* essayait de son mieux, et manqua se noyer. Soudain, sa tête émergea. Son ventre ne l'entraînait plus au fond. Plongeant à son tour, Asak avait mis sa main sous la bête infirme, la maintenant à la surface. Serait-il mordu? *Toli* n'y songeait pas. Tout ce qui lui importait, c'était de sentir sous ses pattes cette terre si proche, de sauver sa vie. Pourtant, le Hud prudent l'abandonna à deux brasses de la rive de sable. Le chacal coula, but, s'élança, prit pied. Il haletait, épuisé. Le garçon essaya de poser la main sur son dos pour le rassurer. Il n'eut que le temps de retirer ses doigts avant d'être mordu.

«*Ea!* s'écria Asak en riant. *Toli* est une charogne. Il mord celui qui l'a sauvé de l'Eau Folle!»

Le coup de dents fut pour Kleg, qui s'approchait en toute innocence. Le rire d'Asak redoubla, tandis que Trois-Pattes s'ébrouait et grognait.

Soudain, le garçon se calma, s'assit pour réfléchir. Jusque-là, les hasards de la traversée occupaient seuls son esprit. Il fallait prévoir les actes suivants. Cette rive telle qu'il la contemplait lui était inconnue. Elle n'appartenait pas au territoire hud. Il fallait escalader cette colline, remonter le fleuve qui l'avait entraîné trop loin, et puis...

Entre lui et les siens, le bonheur de

retrouver son village, il n'y avait plus l'obstacle de l'Eau Folle. Mais revenir glorieux, couvert de ses trophées, avec d'incroyables histoires à raconter, des amis *tol* à montrer, cela n'irait pas sans obstacles.

Trois obstacles surtout, songeait Asak en vérifiant que son arc n'avait pas souffert durant le voyage. Ceux qui avaient attenté à la vie d'Akari et à la sienne, ceux que risquait de perdre son retour inattendu : Abal et ses fils, Aban et Abac.

★

Fidèle aux sages préceptes de son éducation, Asak commença par manger et boire : poissons et eau du fleuve. Il nourrit les chacals, et se mit à gravir la colline. Celle-ci ne tombait pas sur le fleuve en falaise abrupte. Elle s'élevait en pente douce, couverte d'arbres et de végétation. Malgré la chaleur suffocante, le Hud cheminait aussi vite qu'il le pouvait, Kleg devant, *toli* derrière. Trois-Pattes semblait résigné à l'affront qu'on lui avait fait subir, à ce dépaysement. Se débattant contre les épineux, Asak pensait à certaine nuit de tempête, l'hiver précédent, où le cri du chacal lui avait sauvé la vie. *Toli* ne se montrait jamais satisfait, sauf quand il mangeait. Était-il pour cela moins attaché à l'homme que le trop familier Kleg? En tout cas, il se montrait aussi résolu à suivre Asak qu'à protéger son indépendance.

La montée fut longue et pénible. Enfin, le Hud parvint au sommet, et escalada le plus haut rocher. L'énorme fleuve lui apparut dans sa majesté, et au loin cette Terre-de-l'Eau qui l'avait nourri, où reposaient les os d'Akari. Tournant sur lui-même, le garçon regarda la rive en amont, et son cœur fut joyeux. Il voyait l'autre versant, une rude descente, et tout là-bas la falaise d'où son père et lui avaient été précipités. Avant que la nuit n'enveloppe la terre, il pourrait grimper jusque-là.

Mais ensuite? Il convenait de prévoir l'avenir immédiat. Le mois précédent, Asak avait allumé de grands feux sur le rivage de l'île. Une fois le cerf tué, il n'avait plus à s'en priver. Bientôt, il fut assuré que les Hudi percevaient ce signal. Ils y répondaient par d'autres feux. Chez ce peuple curieux et bavard, les commérages devaient aller bon train. Au cours des saisons écoulées, les chasseurs avaient forcément remarqué les signes d'une activité humaine sur la Terre-de-l'Eau. Comment ne pas lier leur présence à la disparition d'Akari et d'Asak? Sans aucun doute, Abal et ses fils affirmaient les avoir vus tomber dans l'Eau Folle accidentellement. Il devait pourtant se trouver des gens au village pour espérer que le père et le fils survivaient sur l'île.

Le Père Fleuve, trop large, ne permettait pas de reconnaître l'identité précise d'un homme sur la Terre-de-l'Eau, mais la réponse de feu à feu était claire. Les Hudi savaient que quelqu'un, peut-être l'un des leurs, vivait sur le territoire isolé. Pas un, Asak en était certain, n'imaginerait que cet exilé puisse retraverser l'Eau Folle. Non qu'il y eût des interdits concernant le fleuve. La terreur seule qu'il inspirait empêchait de croire qu'un homme, ayant sauvé une fois sa vie dans ce prodigieux courant, puisse oser s'y risquer de nouveau.

Quand Asak chassait, il tentait toujours de s'imaginer à la place du gibier, afin de le dérouter mieux. Assis sur le rocher en haut de la colline, il essayait de deviner ce que pensaient Abal, Aban et Abac. Ils avaient commis un attentat contre deux vies, puis menti comme des lâches. Leur seul espoir de rester honorés s'effondrerait, si Asak revenait au village, vivant, racontant la vérité. Ce serait pour eux la honte et l'exil. On les chasserait vers le dangereux territoire des Étrangers, comme il est d'usage envers ceux qui ont commis un crime. « Donc, songeait Asak, ils ne doivent pas me rencontrer avant que je sois à l'abri, sous les yeux des chasseurs, sous la protection du Sorcier.

Sinon, ils me tueront, et jetteront mon corps dans le fleuve. »

Il fallait par conséquent, conclut le Hud en lui-même, non pas s'avancer à découvert du côté du village comme il en avait envie, mais prévoir une réaction désespérée des assassins menteurs. Que faisait-il donc sur ce rocher, exposé aux regards d'un chasseur aventuré hors du territoire hud ? Il se hâta de revenir à l'abri des arbres et des buissons. Un plan naissait dans son esprit. Il se mit en devoir de l'exécuter.

Le plus court, pour rentrer au village, consistait à grimper sur le dos de la falaise, à prendre le sentier des dénicheurs d'oiseaux. Celui-ci traversait le territoire hud dans sa partie boisée. Mais ensuite, Asak apparaîtrait au bout de la longue prairie qui montait vers le rond de huttes. C'était s'exposer en ce lieu à toutes les traîtrises.

Il prit donc la route la plus longue, faisant un grand détour. Quand la nuit tomba, il continua son chemin jusqu'au lieu qu'il s'était fixé pour révéler son retour : le haut de la butte qui dominait de loin le village. Là, parmi des rochers, coulait le ruisseau qui alimentait les hommes en eau claire.

A l'aube suivante, il allumerait sur ces rochers le signal du retour de chasse. Après leurs expéditions, les Hudi ne manquaient jamais d'accomplir ce rite, destiné à l'attention des guetteurs. Un seul feu signifiait : « *Tout va bien. Nous serons là bientôt.* » Deux feux voulaient dire : « *Venez nous aider à transporter la viande.* » Trois feux, signal redouté, heureusement assez rare : « *Nous sommes en difficulté, secourez-nous.* »

Asak but au ruisseau, expliqua aux chacals qu'il faudrait attendre le lendemain pour manger. Ils disparurent dans les broussailles, chassant probablement pour leur propre compte.

Dès que le prochain soleil se leva, le Hud le salua d'abord. Ensuite, il alluma les trois foyers qu'il avait préparés, convenablement espacés. La ruse lui semblait excellente. Le chef du village, successeur d'Akari, verrait le triple signal de détresse. Il enverrait quelques hommes pour secourir l'homme en difficulté, sans doute un chasseur blessé. Asak se montrerait à eux, après s'être assuré qu'Abal et ses fils ne faisaient pas partie du groupe. Pourquoi en seraient-ils ? Ils attendaient l'improbable retour d'Asak *du côté du fleuve*, non à l'opposé. Par ailleurs, il y avait toujours des chasseurs solitaires en expédition pour plusieurs soleils. On le prendrait pour l'un d'entre eux.

Il avait faim. Les feux allumés, il tua des oiseaux en vol et les fit griller, en attendant les secours. Il mangea, but, nourrit les *tol*, disposa autour de son corps les peaux de loup, plaça en évidence la ramure qui lui avait causé bien des difficultés, tandis qu'il la transportait à travers les buissons épineux.

Les hommes parurent enfin sur le sentier. En bas, plusieurs volontaires s'étaient présentés pour répondre au signal et monter vers les feux. On avait dû en désigner trois, comme à l'ordinaire. C'étaient en effet trois silhouettes qu'apercevait Asak. Elles avançaient tranquillement, l'arc à l'épaule. Bientôt, le garçon reconnut les visages.

Kot, Pouno, et Aban, fils d'Abal !

★

Caché, une flèche sur son arc, Asak réfléchissait. Ainsi l'ennemi d'Akari, par prudence instinctive, se trouvait représenté dans le groupe d'accueil ! Aban pourtant, moins avisé que son père, ne tenait pas son arme prête. Pour la dresser en position de tir, il lui faudrait plus de temps que n'en mettraient Kot et Pouno pour reconnaître Asak. Dès lors, le parti du garçon fut pris. Il surgit entre les rochers, près du ruisseau, l'arc levé mais non armé.

« *Ogoa, Hudi !* cria-t-il. Asak est de retour ! »

Le petit Kot au crâne sans poils et le grand Pouno, émérite traqueur de loups, restèrent d'abord stupéfaits. Ensuite, ils crièrent de joie. *Oa !* Asak en personne, le garçon perdu, le fils de leur chef et très cher ami Akari ! Ils s'apprêtaient à courir vers lui. La voix d'Asak les retint :

« Regardez Aban ! » criait-elle.

Kot et Pouno obéirent machinalement. Incrédules, ils voyaient le fils d'Abal mettre une flèche en place et se préparer à tirer sur celui qui rentrait au village après une si longue absence.

Asak attendit que sa légitime défense fût établie. Ensuite, il tira le premier, étant de loin le plus rapide. La flèche de l'assassin se perdit. Celle d'Asak toucha son adversaire en plein cœur. Aban tomba mort.

« Asak a tué Aban ! constata Kot.

— Mais Aban allait tuer Asak ! s'écria Pouno. Pourquoi ? »

Cependant, un tumulte insolite s'éleva dans les buissons qui bordaient la vallée du ruisseau. Des glapissements de chacals en colère. Asak mit aussitôt une autre flèche dure sur sa corde, et se tourna de ce côté-là. Kot et Pouno l'imitèrent. Un homme se dressait, sortant des buissons, l'arc prêt :

« Abac, second fils d'Abal ! s'écria Kot. Lui aussi veut tuer Asak !

— Il nous a suivis en se cachant sous les arbres, appuya Pouno. Jette ton arc, Abac. Celui-ci est un Hud ! »

Si les chasseurs eurent le temps de parler ainsi, c'est que les deux adversaires se défiaient, à égalité de chances. Chacun attendait que le tireur d'en face commence, pour viser ensuite à coup sûr.

Asak fit entendre un rire de mépris. Il tourna le dos, puis fit un bond de côté. La flèche d'Abac le manqua. La sienne perça l'épaule du second fils d'Abal.

« Pourquoi voulaient-ils te tuer ? demanda Pouno, appréciant ce beau coup, mais consterné de voir un Hud devenir proie pour ses amis.

— Pour que les Hudi ignorent que ces assassins nous avaient poussés dans l'Eau Folle, le chef Akari et moi, pour nous faire périr. Sans mes *tol*, celui-ci prenait ma vie. »

Les deux Hudi manifestèrent leur incompréhension. Pourtant, Asak savait bien que les chacals, comme naguère dans la chasse au cerf, venaient de le sauver en donnant l'alarme.

« *Aha !* » cria-t-il.

Alors, les deux chasseurs déjà éprouvés par la scène précédente virent ce qu'un Hud n'avait jamais contemplé de ses yeux, de mémoire d'homme : deux chacals sortaient des buissons et accouraient vers le fils d'Akari. L'un d'eux, un jaune, se dressa sur ses pattes de derrière, et lécha la main qui le caressait.

C'en était trop pour le superstitieux Pouno. Voyait-il des Esprits sous forme d'animaux ? Il redescendit en courant vers le village, arriva hors d'haleine au milieu des hommes rassemblés. Il expliqua d'abord que les deux fils d'Abal avaient, sans provocation, tenté de tuer Asak, qui était de retour. Que le fils d'Akari venait de tuer Aban, de blesser Abac. Qu'il y avait eu ensuite grande magie, car...

« Abali ! s'écria le Sorcier. Retenez-le, chasseurs ! »

Abal en effet, depuis la disparition de son rival Akari, était devenu *Abali*, le chef des Hudi. Apprenant le sort réservé par Asak à ses enfants, il tentait de s'éclipser discrètement : pour les venger, sans doute. Pouno répéta l'accusation portée par Asak. Plus d'un chasseur, dans le temps, avait soupçonné cette traîtrise. Le mot *assassins* fut répété autour d'Abali, chef peu aimé et contesté. Il jeta son arc sur le sol avec mépris, bravant la justice du village.

Kot parut seul sur le sentier, et confirma les dires de Pouno. Akari et son fils, voici quatre saisons, avaient dû sauter dans l'Eau Folle pour éviter d'être tués par ces misérables. Une rumeur d'indignation courut. Le meurtre, chez les Hudi, n'existait pratiquement pas.

« Asak, poursuivit Kot, est caché près d'ici. Il demande justice. Il paraîtra si le Sorcier le prend sous sa protection, et pousse le cri de bienvenue. »

La foule entière des Hudi approuva, adjurant le Sorcier d'agir ainsi. Abali impassible écoutait la colère du village gronder contre lui. C'était un homme orgueilleux et fourbe, mais courageux.

Le Sorcier poussa le cri de bienvenue. Aussitôt, Asak se montra, et descendit le sentier en direction des huttes. Il portait une splendide ramure de cerf adulte. Son corps était ceint de deux dépouilles de loup. Asak avait grandi, respirait la force et la santé, portrait vivant de son père. Des cris de joie saluèrent son apparition. Quand il approcha, chacun remarqua la forme étrange de son arc.

Le groupe de chasseurs s'ouvrit devant le garçon perdu et retrouvé. Celui-ci s'inclina devant le Sorcier, mettant son poing derrière sa tête :

« *Ogoa !* dit-il d'une voix forte. Asak est revenu. Il vient de tuer Aban, de blesser Abac, qui essayaient à nouveau de l'assassiner. Il demande vengeance contre Abal !

— Abali, déclara le Sorcier, est le nouveau chef des Hudi.

— Lui et ses fils, répliqua Asak, m'ont jeté dans l'Eau Folle. Ils ont contraint mon père à s'y précipiter pour échapper à leurs flèches.

Abal n'est pas un chef, mais une charogne. Je le défie pour un combat à mort ! »

Jamais, depuis des générations, le village hud n'avait connu d'instants si dramatiques. Défier un chef ! L'accuser de meurtre !

« Asak dit vrai pour Aban et Abac, témoigna Kot. Ils ont tendu l'arc contre lui dès qu'ils l'ont vu.

— Des chacals l'ont aidé à débusquer Abac ! appuya Pouno. Ce sont ses amis ! »

Cette incroyable nouvelle porta le tumulte à son comble. Un rugissement d'Abal domina tous les autres :

« Mensonge ! » hurla-t-il.

Puis, ayant obtenu un silence relatif :

« Mensonge ! répéta-t-il. Croirez-vous ce fou de Pouno, ou votre chef ? Aucun *tol* n'est l'ami des hommes ! »

Les chasseurs, mais aussi les femmes et les enfants rassemblés par la curiosité regardèrent Asak. Celui-ci prenait des tranches de venaison qui séchaient sur des fagots. Il s'éloigna un peu du groupe.

« *Aha !* » cria-t-il.

Alors se produisit cet événement incroyable qui allait être conté et enjolivé durant de nombreuses veillées. A la stupéfaction générale, un jeune chacal sortait des broussailles, accourait ventre à terre. Ignorant les Hudi pétrifiés, il s'approchait d'Asak, qui tenait la viande dans sa main levée. Il se roulait à ses pieds. Pour finir, il lui posa les pattes de devant sur la poitrine.

« *Toli !* cria Asak. *Am, toli !* »

Le stupéfiant spectacle allait de plus belle. Un second chacal, à trois pattes celui-là, accourait à son tour. Plus prudent, plus sensible à la présence des humains, il s'immobilisait à dix pas environ derrière le garçon. Ce dernier lui jeta de la viande, puis nourrit le jeune. Les Hudi, toujours immobiles et muets, retenaient leur respiration. Le repas des *tol* fut vite avalé.

« *Oto !* cria alors Asak. *Oto*, allez-vous-en ! »

Et les chacals obéissaient ! Ils comprenaient les ordres, allaient se cacher à nouveau dans les buissons.

Une explosion de surprise et d'amusement secoua les villageois. Jamais ils n'avaient vu de chose plus drôle. Asak devenu le père des *tol* !

« Abal ! s'écria la voix puissante du Sorcier. Abal ! »

Il ne disait plus « *Abali* », dépouillant ainsi de sa dignité usurpée le lâche, qui profitait du désordre pour ramasser son arc, prenait une flèche.

Abal rugit de haine. La foule reflua, entraînant les chasseurs qui ne purent intervenir. Asak, hors de garde, s'appuyait sur son arc, tandis que son ennemi le visait déjà.

Désormais, il était trop tard pour s'en

mêler. Vingt pas à peine séparaient les deux adversaires. L'un se trouvait sous les armes, l'autre non. Le fils d'Akari semblait perdu.

Alors, les Hudi apprirent à connaître la prodigieuse rapidité d'Asak. La flèche d'Abal siffla. Le garçon n'était plus sur sa trajectoire. Il roulait sur le sol, tout en armant l'arc à deux courbes.

« Trop tard, jugea Pouno. Pas assez de temps... »

L'ignoble Abal en effet eut le loisir de lancer une seconde flèche. Elle ne fit qu'effleurer le torse d'Asak, qui ne cessait de se déplacer. Le garçon dès lors prenait l'avantage. Il tendit l'arc à deux courbes. Une flèche des Gens du Fleuve fendit l'air. Elle traversa la gorge d'Abal.

Peu après, les chasseurs ramenaient au village Abac, le blessé. C'était le plus faible, le plus lâche de sa famille. Devant le cadavre de son père, il s'effondra en criant :

« C'est la vengeance d'Akari ! Nous n'aurions pas dû le jeter dans l'Eau Folle. »

Ainsi le meurtre, ou du moins la volonté de meurtre était-elle avouée. On guérirait Abac. On l'exilerait ensuite, selon la loi.

★

Lorsque Asak, longtemps plus tard, se rappelait les jours qui suivirent son retour,

Il tendit l'arc...

il avait toujours une sensation de gêne à l'estomac. Certes, il avait dû conter en détail, et plus d'une fois, chacune de ses aventures sur la Terre-de-l'Eau. Certes, il n'oubliait pas les moments sérieux. Le jugement que le conseil des chasseurs, par exemple, rendit non seulement contre Abac, mais contre la mémoire d'Abal et d'Aban. Il y avait eu aussi cette proposition de nommer Asak chef des Hudi. Le garçon refusa. Nul ne peut commander, s'il n'a mis à son actif quatre hivers de chasse parmi les hommes. Or, cette condition n'était pas remplie. Le fils d'Akari, quand les criminels le poussèrent dans l'Eau Folle, venait tout juste d'accomplir ses épreuves d'adolescent.

Le Sorcier et tous les chasseurs approuvèrent cette digne humilité, cette preuve de sagesse. Kot fut nommé chef : Koti, dirait-on.

« *Oa !* déclara Kot, résumant l'avis général. Dans quatre hivers, Asak deviendra Asaki. »

En attendant, le garçon passa des mains des hommes à celles des femmes qui pourvurent à ses besoins ménagers. On l'installa dans une hutte de célibataire. La mère d'Asak était morte depuis bien longtemps, à peine s'en souvenait-il. Chaque femme huda tint à la remplacer, à le gâter, à le combler de nourriture et de cadeaux.

« *Ea !* protestait-il, Asak n'est plus un enfant ! »

Ses protestations ne servaient à rien. Il devait manger tous les jours trois fois plus qu'il n'en avait besoin, et se souvint sa vie entière de ces indigestions contractées par politesse.

En fait, les innombrables visites qu'il recevait ne le concernaient pas seul. Chacun savait *qui* habitait dans la réserve à bois de sa hutte. Chacun espérait voir pointer, dans le trou de communication, certain museau jaune pas très farouche. L'odeur de toute viande succulente attirait Kleg. Il tolérait les Hudi et surtout leurs dons, mais ne permettait qu'à son maître de le toucher, de le caresser. Plus d'un jeune imprudent en fit l'expérience, qui fut mordu cruellement.

Quant à *toli*, c'était de la vénération que le village avait pour lui. N'avait-il pas sauvé Asak dans la tempête de neige ? Ne gardait-il pas, contrairement à Kleg, une attitude digne, même devant la nourriture ?

Kleg et Trois-Pattes engraissaient de façon indécente. Ils se promenaient peu dans le village, mais surgissaient toujours aux côtés du Père-Maître quand celui-ci flânait, chassait ou prêtait la main aux tâches collectives.

Les Hudi, âmes simples et gaies, aimaient Kleg et respectaient Trois-Pattes à la façon de héros dont ils étaient fiers. Quant à Asak, si toutes les femmes âgées le dorlotaient, il se trouvait aussi admiré par les jeunes filles, dont sa présence faisait briller les yeux. Il gardait avec elles la distance qui convient à un chasseur trop jeune pour prendre épouse.

Au début de l'automne commencèrent les grandes battues au sanglier. Asak s'y montra le meilleur à la traque, à la course, et tua sa première bête noire avec le poignard-feuille.

Ce dernier, ainsi que l'arc à deux courbes, faisait l'admiration des artisans émérites du village. Ils s'efforçaient de les reproduire : sans réel succès, certes, mais ils ne perdaient pas l'espoir d'imiter cette perfection.

Kleg et Trois-Pattes devenaient des Hudi à part entière. Ils circulaient sans peur entre les huttes pour gagner leur nid dans la resserre d'Asak. Leurs dents dissuadaient les aimables de toute caresse, mais aussi les agressifs de toute attaque sournoise. Les enfants les suivaient de loin, émerveillés. La victime de ce véritable culte fut la famille de *tol* sauvages qui se trouvait en quelque sorte attachée au village depuis toujours. On lui jetait toujours des déchets. Il s'y joignait injures et railleries, leur donnant en exemple le Jaune et le *toli*, modèles de tous les *tol*.

Un beau matin, Kleg fut absent à l'heure du déjeuner. Asak ne s'en émut guère. Tant de gens se disputaient l'honneur de lui apporter des suppléments ! Le soir, il n'avait pas reparu. Il resta absent durant cinq soleils

Les Hudi aimaient Kleg
et respectaient Trois-Pattes...

et personne, à part les conteurs de fables, ne put dire où il s'en était allé.

Asak, désormais membre respecté de la communauté, promis dans un proche avenir au destin de chef, gronda le vagabond quand il revint affamé, la queue basse. Il le menaça d'aller le jeter dans l'Eau Folle. Le chacal endura ces reproches en couchant les oreilles. Un peu plus tard, allant et venant entre son Maître et la porte, il fit comprendre qu'une promenade serait la bienvenue. Asak se laissa faire, et tout fut oublié.

Toli cependant, connu de chacun pour son mauvais caractère, fit l'étonnement de tous en se laissant non pas approcher, mais nourrir familièrement par une jeune fille nommée Lod. Asak la regardait volontiers. Elle était jolie, avec ses cheveux retenus par une épingle en os, et ses yeux étrangement clairs.

« *Toli* aime Lod ! » lui dit-il brusquement un matin.

La belle leva sur lui son pur regard gris :

« C'est parce que Lod aime Asak ! » répondit-elle tranquillement.

Le fils d'Akari s'en alla en bougonnant. Ces filles sont toutes les mêmes. Avait-il le temps d'en distinguer une, alors que les préparatifs d'hiver commençaient au village ? « Qui donc se soucie d'une fille ? » se disait-il en grognant aussi fort que Trois-Pattes.

Dans le temps du grand froid, Kleg disparut à nouveau. Le village s'en émut au point de rendre Asak inquiet. Un jour, il nourrit Trois-Pattes, et soupira en constatant que le Jaune manquait encore. Comme la neige tombait, il s'assit près du foyer intérieur de sa hutte, remuant des idées sombres. Et si quelque renard...

A ce moment retentit derrière la portière en peau de lapin le glapissement de Kleg. Asak sauta de joie, écarta le rideau. L'attitude du *tol* était étrange. Il n'avançait pas. Au contraire, il semblait demander à son Père-Maître de le suivre. Son manège devint si insistant, si évident, qu'Asak intrigué céda. Il se couvrit d'un vêtement et suivit Kleg. Le chacal trottait dans la neige. Un regard jeté en arrière apprit à Asak que pour une fois Trois-Pattes ne les suivait pas. Surpris, il secoua la tête.

Le Jaune sortit du village, prit une piste parmi les buissons enneigés. Asak, mouillé, le maudissait. Où voulait en venir ce *tol* fou ?

Soudain, Kleg disparut dans un éboulis. Il reparut presque en entier, l'arrière du corps engagé dans une ouverture. Un terrier ? Un nouveau terrier ?

Maintenant, Kleg expliquait à son Père-Maître qu'il devait regarder là-dedans. Qu'il y trouverait quelque chose d'intéressant. Se baissant près du trou, Asak ne vit que du noir, avant d'entendre les piaillements. Des *tol* ! De petits *tol* ! Le Jaune, ce sournois, avait pris une épouse et fondé une famille ! Après une énergique bataille sous terre, il émergea à nouveau, portant dans sa gueule un tout petit chacal beige, aux yeux à peine ouverts.

Asak le flatta de la main, dit dans le terrier des mots tendres, auxquels la mère répondit par des cris de colère.

En rentrant au village, le garçon souriait. Les enfants de Kleg — et les enfants de ses enfants — seraient bientôt les amis des hommes. Avant peu chaque hutte aurait son *tol* familier, le nourrirait, trouverait de la joie à regarder ses yeux fidèles. Le Jaune comprit cela, et lécha la main du garçon.

« *Oa !* » dit Asak en caressant le premier chien.

Devant sa hutte, il trouva Lod occupée à nourrir *toli*. Le vieux Trois-Pattes n'avait pas voulu se mêler de cette histoire de progéniture. Il grognait aimablement, si ces deux mots peuvent aller ensemble. Les yeux de Lod étaient clairs, un sourire montrait ses dents blanches.

« Kleg a une épouse et des petits ! dit le garçon. Asak ira tous les matins nourrir la mère. »

Lod s'extasia comme il convenait :

« Peut-être emmèneras-tu Lod avec toi pour s'en occuper ? » demanda-t-elle.

Asak la regarda. Il la trouvait belle.

« Peut-être, dit-il. Peut-être tu viendras. »

Trois-Pattes avait fini sa viande et se pourléchait les babines. Il regarda Lod. Lod le regarda. Bizarrement, Asak eut l'impression que *toli* et la fille échangeaient un sourire complice.

Table

Première partie

Deuxième partie

Composition réalisée par COMPOFAC - PARIS

IMPRIMÉ EN FRANCE PAR BRODARD ET TAUPIN
58, rue Jean Bleuzen - Vanves - Usine de La Flèche.
LIBRAIRIE GÉNÉRALE FRANÇAISE - 14, rue de l'Ancienne-Comédie - Paris.
ISBN : 2 - 253 - 03530 - 0

42/0189/3